Die französische Panamakanal-Compagnie sowie andere zentralamerikanische Verkehrsprojekte

Historische Wertpapiere 1880-1894

Hans-Georg Glasemann

Die französische Panamakanal-Compagnie sowie andere zentralamerikanische Verkehrsprojekte

Historische Wertpapiere 1880-1894

Impressum

Bibliografische Information der Deutschen Nationalbibliothek:

Die Deutsche Nationalbibliothek verzeichnet diese Publikation in der Deutschen Nationalbibliographie; detaillierte bibliografische Daten sind im Internet über dnb.dnb.de abrufbar.

ISBN 978-3-74942-904-2

1. Auflage 2019

Herstellung und Verlag: BoD – Books on Demand, Norderstedt

Herausgegeben in der Schriftenreihe des Ersten Deutschen Historic-Actien-Clubs e.V. (EDHAC) c/o Joachim Wallrabenstein, Lehmgrube 4, 75203 Königsbach-Stein

Vorwort

Jahrhundertelang wurde die Frage eines zentralamerikanischen Kanals zur Verbindung des Pazifischen mit dem Atlantischen Ozean debattiert. Seit dem Erfolg des Suezkanals 1869 weckte insbesondere das Vorhaben eines interozeanischen Kanals über die Landenge von Panama die Neugierde und den Appetit der Finanzwelt.

Der heutige Panamakanal hatte seinen Ursprung 1880 unter französischer Ägide. Dass der französische Graf Ferdinand de Lesseps - der gefeierte Erbauer des Suezkanals - mit seiner französischen Panamakanal-Compagnie, der COMPAGNIE UNIVERSELLE DU CANAL INTEROCÉANIQUE DE PANAMA, im Jahr 1889 fallierte, mussten viele Zeitgenossen seinerzeit teuer bezahlen.

Das Panamakanal-Projekt des Grafen scheiterte kläglich in einem finanziellen Fiasko am Altersstarrsinn des früheren Diplomaten, der kein Techniker, sondern Unternehmensführer geworden war. Er beharrte darauf, auch den Panamakanal ohne Schleusen anzulegen, nicht anders, als er den Suezkanal hatte bauen lassen. Doch die Erdarbeiten in Panama wurden zur Sisyphusarbeit. Die Arbeiter, die sie verrichteten, starben in Massen an Tropenkrankheiten, so als wäre die Baustelle ein Schlachtfeld. Das Debakel um den Panamakanal weitete sich in Frankreich nach dem Bankrott der französischen Panamakanal-Compagnie 1893 zur politischen Panama-Affäre aus. Hunderttausende von kleinen Sparern verloren in Frankreich ihre in Aktien und Obligationen der Compagnie angelegten Ersparnisse. Minister stürzten. Abgeordnete wurden vor Gericht zitiert. Die Gerichtverfahren wurden später eingestellt. De Lesseps stürzte in geistige Umnachtung; starb 1894. Die unvollendete Großbaustelle in Panama wurde 1904 von den Amerikanern übernommen, die den Panamakanal als Schleusenkanal fertigstellten. Die Inbetriebnahme des Kanals 1914 war die Erfüllung eines Menschheitstraumes, der so alt war wie die Fahrten des Kolumbus.

Das vorliegende Fachbuch enthält eine historische Betrachtung der unterschiedlichsten, zentralamerikanischen Verkehrsprojekte, die seit Entdeckung der Landenge von Panama (1502) bis zur Fertigstellung des Panamakanals (1914) versucht wurden. Es beschreibt den Beginn der französischen Kanalaktivitäten in den 1870er Jahren, die Schwierigkeiten der Franzosen bei der Finanzierung und beim Bau des Panamakanals, die Ursachen und Folgen des 1889 erfolgten Bankrotts der französischen Panamakanal-Compagnie sowie die Entwicklung des Panamakanals bis heute. In einer besonderen Betrachtung der französischen Panamakanal-Compagnie wurden die alten Wertpapiere rund um diese Gesellschaft untersucht und dokumentiert. Die wenigen, heute noch verbliebenen Wertpapiere sind mittlerweile begehrte Sammelobjekte geworden. Als „Historische Wertpapiere" sind es geschichtliche Zeitzeugen. Alle ausgegebenen, diesbezüglichen Wertpapierzertifikate von 1880 bis 1894 werden als Sammelgebiet erschlossen.

Diessen am Ammersee, im Mai 2019 Hans-Georg Glasemann

Über den Autor

Hans-Georg Glasemann ist Fachautor, Blogger und Sachverständiger für „Historische Wertpapiere". Er publiziert seit 1980 Bücher und Fachbeiträge auf diesem Sammelgebiet, das in den letzten Jahrzehnten einen bemerkenswerten Aufschwung erlebt hat. Der Autor - selbst Sammler - trägt seit vielen Jahren systematisch Sammlungen alter Wertpapiere zusammen und ist stets am Erwerb alter Wertpapiere interessiert.

Hans-Georg Glasemann
Bahnhofstrasse 35d
86911 Diessen am Ammersee
Telefon: 08807/ 206 505
eMail: nonvaleurs.de@gmail.com
Web: www.nonvaleurs.de

Danksagungen und Quellenangaben

Die abgebildeten Wertpapiere entstammen überwiegend der Sammlung Hans-Georg Glasemann aus Diessen. Weiterhin Dank für die Unterstützung bei dieser Arbeit durch Informationen und Scans an:

Herrn Urs Hümbeli aus Bennwil, dem Wikipedia-Team des EDHAC Herrn Horst Klophaus und Herrn Wilhelm Leiter, Herrn Matthias Schmitt vom HWPH Historisches Wertpapierhaus AG in Zorneding, Herrn Michael Rösler von den Freunden Historischer Wertpapiere Auktionsgesellschaft in Wolfenbüttel. Auch Dank an Wikipedia/Wikimedia für Informationen und Abbildungen unter den Stichworten „Panamakanal, Panama Canal und Ferdinand de Lesseps".

Quellen: Karte des Panamakanals in deutscher Version aus Wikipedia (Thomas Römer/OpenStreetMap data) und „The panamax ship MSC Poh Lin exiting the Miraflores locks" aus Wikimedia Commons.

Inhalt

Die französische Panamakanal-Compagnie sowie andere zentralamerikanische Verkehrsprojekte

Historische Wertpapiere 1880-1894

Graf Ferdinand de Lesseps (1805-1894), Erbauer des Suezkanals (1869), scheiterte mit seiner Panamakanal-Compagnie beim Bau des Kanals (1889). Grafik von 1883 zeigt de Lesseps über einer Weltkugel, allegorische Figuren deuten auf Suez und Panama.

Die französische Panamakanal-Compagnie sowie andere zentralamerikanische Verkehrsprojekte

A. Zentralamerikanische Verkehrsgeschichte

1. Prolog

Die weltklugen Köpfe des 19. Jahrhunderts, voran Alexander von Humboldt (1769-1859), hatten seit langem Pläne erörtert, wo und wie man die zentralamerikanische Landenge durchstechen könnte, die den Schiffsverkehr zwischen dem Atlantik und dem Pazifik zu dem langen, gefährlichen Umweg um das Kap Horn zwang. Graf Ferdinand de Lesseps ließ 1869 nach seinem Triumph mit dem Suezkanal keinen Zweifel daran, dass ihm das Werk eines Kanaldurchstichs über die zentralamerikanische Landenge gelingen werde, und zwar „leichter als in der Wüste Ägyptens".

Die Inbetriebnahme des Panamakanals 1914 war die Erfüllung eines Menschheitstraumes, der so alt war wie die Fahrten des Kolumbus. Der Bau des Panamakanals stellte seinerzeit das größte und teuerste Einzelunternehmen der jüngeren Menschheitsgeschichte dar. Im heutigen Bewusstsein wird der Panamakanal als ein Engagement der Vereinigten Staaten von Amerika gesehen. Dass der Panamakanal seinen Ursprung 1880 unter französischer Ägide hatte und, dass der französische Graf Ferdinand de Lesseps 1889 mit seiner Panamakanal-Compagnie, der COMPAGNIE UNIVERSELLE DU CANAL INTEROCÉANIQUE DE PANAMA, scheiterte, ist heute nur noch Wenigen bekannt.

Das vorliegende Fachbuch dokumentiert aus historischer Sicht alle bis heute bekannt gewordenen Versuche einer zentralamerikanischen Verkehrsverbindung seit der Entdeckung des Isthmus von Panama (1502) bis zur Eröffnung des Panamakanals 1914. Speziell ausgeführt werden:

- Die Behandlung der zentralamerikanischen Kanalfrage unter spanischer Ägide von 1502 bis 1821.
- Die Behandlung der zentralamerikanischen Kanalfrage unter amerikanischer Ägide von 1823 bis 1914.
- Die Pläne des Grafen de Lesseps für einen Panamakanal, die Gründung und Finanzierung der französischen Panamakanal-Compagnie sowie der Bau des Kanals durch die französische Compagnie (von 1856 bis 1888).
- Die Ursachen und Folgen des Zusammenbruchs der französischen Panamakanal-Compagnie im Jahr 1889.
- Die Pläne zur Rettung des Panamakanals 1890/1892.
- Die Neue Panamakanal-Compagnie von 1894.
- Die Fertigstellung des Kanals durch die Amerikaner (1904-1914) sowie die Entwicklung des Panamakanals bis heute.

2. Die zentralamerikanische Kanalfrage (Spanische Ägide 1502-1821)

Gegenüber einer langwierigen Seefahrt um die Südspitze Südamerikas bietet die zentralamerikanische Landbrücke eine so günstige transkontinentale Verkehrsverbindung zwischen dem Atlantischen und dem Pazifischen Ozean, dass bereits unter den Spaniern - kurz nachdem Kolumbus 1502 erstmals von einem jenseitigen Ozean hörte - die verschiedensten Pläne für eine interozeanische Verkehrsverbindung entstanden. Der folgende Überblick zeigt chronologisch die wichtigsten Projekte, Pläne, Unternehmungen und politischen Ereignisse während der spanischen Kolonialperiode (1502-1821) auf:

- 1502/1503: Christoph Kolumbus (1451-1506) erreichte auf seiner vierten Reise an die Ostküste Mittelamerikas Portobello bei Colon und hörte erstmals von einem jenseitigen Ozean.
- 1513: Der Spanier Vasco Nuñez de Balboa (1475-1517) überschritt erstmals mit einer Gruppe von Gefolgsleuten die Landenge von Panama von Norden nach Süden und erblickte den Pazifischen Ozean. Er nahm die „Mar del Sur" (Südsee) feierlich für den König von Spanien in Besitz.
- 1519: Die Stadt Nombre de Dios wurde von den Spaniern an der Atlantikküste nahe der Mündung des Rio Chagres gegründet.
- 1521: Die Stadt Panama wurde von den Spaniern an der Pazifikküste gegründet.
- 1523: Die Idee einer Verbindung zwischen Atlantik und Pazifik durch einen Kanal in der zentralamerikanischen Provinz Darien wurde vom spanischen Kaiser Karl V. angeregt.
- 1526: Hernando Cortéz (1485-1547) schlug König Karl V. von Spanien, nach erfolglosem Suchen einer natürlichen Wasserverbindung zum Pazifischen Ozean, den Bau eines interozeanischen Kanals oder eines Landweges auf der Landenge von Tehuantepec vor.
- 1527: Im Auftrag des spanischen Königs suchte Hernando de la Serna nach einem geeigneten Weg für den Bau eines interozeanischen Kanals und erkundet u.a. den Rio Chagres als Wasserweg auf der Landenge von Panama.
- 1530: Nachdem ein natürlicher Wasserweg zwischen den Ozeanen nicht gefunden werden konnte, wurde von den Spaniern im königlichen Auftrag zwischen der Stadt Panama und dem Fort San Lorenzo an der Chagres-Mündung die Cruces-Strasse (Camino de Cruces) angelegt. Der unbefestigte Weg ermöglichte den Spaniern erstmals den Warentransport auf dem Landweg zwischen den Ozeanen.
- 1532-1534: Unter König Karl V. von Spanien wurde durch den Spanier Alvarado de Saavedra Colon die Anlage einer künstlichen, interozeanischen Wasserstraße über die Landenge von Panama und über den Nikaraguasee erforscht.

- 1538: Panama wurde Teil des spanischen Königreichs (und bleibt bis 1821 spanische Kolonie).
- 1540: Im königlichen Auftrag wurde von den Spaniern zwischen den Städten Panama und Nombre de Dios der Camino Real (Königsweg) angelegt.
- 1550: Der portugiesische Kapitän Antonio Galvao nannte vier Stellen als geeignet für eine zentralamerikanische Kanaldurchstechung. Eine Abhandlung von 1554 des spanischen Historikers Francisco Lopez de Gomorra erwähnte drei Stellen: die Landengen von Tehuantepec, Nikaragua und Panama.
- 1550-1670: Blütezeit Panamas als spanisches Handelszentrum für Zentral- und Südamerika.
- 1572: Der Engländer Sir Francis Drake eroberte die Stadt Nombre de Dios.
- 1671: Der Engländer Sir Henry Morgan eroberte und zerstörte die Stadt Panama.
- 1698: Der schottische Finanzier William Paterson (1658-1719), Mitbegründer der Bank of England (1694), erwarb durch überseeische Handelsgeschäfte Vermögen und Ansehen. Er setzte sich für ein schottisches Kolonisierungsprojekt auf der zentralamerikanischen Landenge von Darien ein. Sein Plan seit 1683 war, durch den Aufbau eines schottischen Handelsstützpunktes in Darien eine wirtschaftliche Verbindung zwischen Atlantischem und Pazifischen Ozean zu schaffen und von dem dadurch entstehenden Handel zu profitieren. Die 1695 vom schottischen Parlament mit einem Kapital von 400.000 £ in Edinburgh nach dem Vorbild der East India Company gegründete Übersee-Handelsgesellschaft THE COMPANY OF SCOTLAND TRADING TO AFRICA AND THE INDIES versuchte die Kolonisationspläne umzusetzen. 16 Schiffe der Gesellschaft - seinerzeit auch als THE DARIEN COMPANY bezeichnet - mit mehr als 2.400 Siedlern setzten von 1698 bis 1699 auf zwei Fahrten nach Darien über. Die schlecht organisierte Expedition endet in einem Desaster. Feindlichen Spaniern, einer Hungersnot und Krankheiten erliegen die meisten Siedler schon nach wenigen Monaten. Der Plan scheiterte um 1700, nur ein Schiff kehrte mit einer Handvoll Überlebenden nach Schottland zurück. Die Gesellschaft wurde 1707 aufgelöst.
- 1778-1779: Karl III. von Spanien musste dem Druck der kolonialen Kaufleute nachgeben und den freien Handel in den spanischen Kolonien zulassen. Das Handelsmonopol der Spanier war damit gebrochen. Karl III. ließ Vermessungen für den Bau eines interozeanischen Kanals durch den zentralamerikanischen Landrücken durchführen. Das Projekt kam aus dem Planungsstadium nicht heraus.
- 1783-1786: Spanien überließ im Vertrag von Versailles das Mosquitoland und Belize an England.

- 1790: Der Franzose Martin de la Bastide befürwortete einen Kanal in Nikaragua. Er konnte weder bei der spanischen noch bei der französischen Regierung die notwendigen Kapitalmittel beschaffen.
- 1804: Der Naturforscher Alexander von Humboldt (1769-1859) beschäftigte sich in seinem Werk über Neuspanien mit der Frage eines interozeanischen Kanals. Humboldt beschreibt fünf Linien, die für einen Kanal in Frage kommen. Er trat besonders für einen Kanaldurchstich in Nikaragua ein, empfahl aber auch den Raspadura-Kanal. Um diesen Kanal rankt sich bis heute folgende Legende: 1783 soll ein Mönch des Dorfes Novita (auch Narita) im Quellgebiet des kolumbianischen Rio San Juan (in der Schlucht von Raspadura) die einheimischen Indios seiner Gemeinde dazu gebracht haben, einen Kanal zwischen den Flüssen San Juan und Atrato zu graben. Der Fluß Atrato schafft die Verbindung in die Karibik bzw. zum Atlantik (in den Golf von Urabá, einer Nebenbucht des Golfs von Darien). Über diesen Kanal konnten in der Regenzeit Lastkanus zwischen dem Pazifischen- und Atlantischen Ozean verkehren. Zwischen dem Fluß San Juan, der nach Süden in den Pazifik mündet, sind in der Provinz Chocó in der Schlucht von Raspadura die Flüsse San Juan und Quito (ein Nebenfluss des Atrato) weniger als fünf Meilen voneinander entfernt. Anfang des 19. Jahrhunderts zeigten die Kartographen hier einen Kanal, den sie auf ihren Weltkarten als Raspadura-Kanal bezeichneten. Der Kanal bestand angeblich seit 1788. Er verband die Flüsse San Juan und Atrato und wurde teilweise auch als Atrato-Kanal oder Atrato-Route bezeichnet. Ingenieurmäßige Erkundungen zur Atrato-Route wurden erst ab 1846 durchgeführt. Wissenschaftler halten die Existenz eines solchen Kanals für wahrscheinlich, fundierte Beweise konnten allerdings bisher nicht erbracht werden. Wenn man die Berichte des Mönches von Novita näher studiert, wird deutlich, dass der Mönch keinen neuen Kanal hat bauen lassen, sondern einen vorhandenen Kanal wiederhergestellt hat. Der Kanal ist möglicherweise sehr viel älter, als man bisher angenommen hat. Vermutlich wurde er in einer wesentlich früheren Epoche von den einheimischen Indios angelegt. Der Atrato war auf Grund seiner tiefen Fahrrinne ab 1827 als Fahrtroute für einen interozeanischen Kanal zur Durchstoßung der Landenge von Darien mehrfach im Gespräch. Zur Erforschung der Atrato-Route erfolgten von 1827 bis 1846 zwei ingenieurmäßige Erkundungen, acht detaillierte Routenvorschläge wurden gemacht.
- 1814: Die spanischen Cortes erließen ein Gesetz zur Gründung einer Gesellschaft zum Bau eines interozeanischen Kanals über die zentralamerikanische Landenge in Nikaragua. Die südamerikanischen Befreiungskriege unter Simon Bolivar beendeten die Pläne.
- 1817: Der Engländer Walton schilderte die Panama-Route aus eigener Anschauung.
- 1819-1825: Simon Bolivar (1783-1830) befreite die Kolonien Neu-Granada (Kolumbien), Venezuela, Peru und Bolivien von der spanischen Herrschaft.

Neu-Granada, Ekuador und Venezuela vereinigten sich zur Republik Kolumbien (die sich bereits 1831 wieder in die drei ursprünglichen Länder aufteilte).

- 1821: Panama wurde frei von Spanien und schloss sich Neu-Granada bzw. der Republik Kolumbien an.
- 1823: Guatemala, San Salvador, Honduras, Nikaragua und Costa Rica schlossen sich zur Republik von Zentral-Amerika zusammen (Provincias Unidas del Centro de America). Der Staatenbund bestand bis 1840.

3. Die zentralamerikanische Kanalfrage (Amerikanische Ägide 1823-1914)

Unter amerikanischer Ägide waren verschiedene Staaten und zahlreiche Investoren und Geschäftsleute daran interessiert, in Zentralamerika eine interozeanische Verkehrsverbindung herzustellen und gewinnbringend zu nutzen. Im Wesentlichen wurden acht unterschiedliche Routen insbesondere von Amerikanern, Engländern und Franzosen erkundet und geplant:

- **Mexiko (Tehuantepec-Route):** Besonders die Landenge von Tehuantepec, das ist die heutige Region zwischen den Bundesstaaten Oaxaca, Chiapas, Tabasco und Veracruz, wurde für eine interozeanische Kanal-, Eisenbahn- oder Schiffseisenbahnverbindung mehrfach in Betracht gezogen. Der Isthmus von Tehuantepec ist in Mexiko mit einer Breite von 216 Kilometern die schmalste Stelle zwischen dem Golf von Mexiko und dem Pazifik. An der niedrigsten Stelle, dem Chivela-Pass, beträgt die Höhe beim Übergang über die Kordilleren nur 224 Meter. Seit den Tagen des spanischen Konquistadors Hernan Cortes im frühen 16. Jahrhundert wurden immer wieder Gedanken über den Bau eines Kanals über den Isthmus von Tehuantepec in Erwägung gezogen. Alle Pläne scheiterten letztlich an der Länge der Verkehrsverbindung. Ab 1847 gab es hier einige amerikanische Aktivitäten für verschiedenartige, interozeanische Verkehrsprojekte. Der amerikanische Plan einer monströsen Schiffseisenbahn scheiterte in den 1880er Jahren. 1907 wurde die Eisenbahnverbindung TEHUANTEPEC NATIONAL RAILWAY zwischen den Häfen von Coatzacoalcos (Golf von Mexiko) und Salina Cruz (Pazifischer Ozean) eröffnet. Die Eisenbahn war zunächst im transozeanischen Verkehr erfolgreich, bis der 1914 eröffnete Panamakanal die Geschäfte einbrechen ließ und das Ende der Bahn besiegelte.
- **Honduras (Honduras-Route):** Von 1853 bis 1864 versuchten verschiedene amerikanische Gesellschaften eine interozeanische Eisenbahn- bzw. Schiffseisenbahn-Verbindung zu schaffen, insbesondere auf der Route von Puerto Caballas (Atlantik) zum Golf von Fonseca (Pazifik).
- **Nikaragua (Nikaragua-Route):** Seit 1814 gab es insbesondere amerikanische und französische Bestrebungen zum Bau eines Kanals über die zentralamerikanische Landenge in Nikaragua unter Einbeziehung des Nikaraguasees.

1884 vereinbarten die Vereinigten Staaten und Nikaragua einen Kanal über den Nikaraguasee (rund 33 Meter über Meereshöhe) zu bauen. Wegen zu hoher Baukosten und technischer Probleme wurde das Projekt aufgegeben.

- **Panama (Chiriqui-Route):** Die Provinz Chiriqui liegt heute im Westen Panamas an der Grenze zu Costa Rica. 1852 gab es französische Pläne zum Bau eines Kanals sowie einer Eisenbahn auf der Chiriqui-Route von Bocas del Toro (Atlantik) bis zum Golfo Dulce (pazifische Seite, in Costa Rica).
- **Panama (Panama-Route):** Ab 1826 bis 1845 gab es verschiedene Planungen und Konzessionen für einen transisthmischen Kanal. 1855 wird die erste amerikanische, transkontinentale Eisenbahn, die Panama Rail Road, vom Atlantik zum Pazifik dem Verkehr übergeben. Der Panamakanal wird durch de Lesseps ab 1880 in Angriff genommen und nach Fertigstellung durch die Vereinigten Staaten von Amerika 1914 eröffnet.
- **Panama (San Blas Route):** Ab 1837 gab es Erkundungen für einen interozeanischen Kanaldurchstich zwischen dem Golf von San Blas auf der atlantischen Seite und der Mündung des Bayano- bzw. Chepo-Flusses auf der pazifischen Seite.
- **Panama (Darien-Route):** Darien ist heute eine Provinz Panamas nahe der kolumbianischen Grenze. Die Provinz erstreckt sich vom Golf von Darien des Karibischen Meers bis zum Golf von San Miguel des Pazifiks. Es ist ein dicht bewaldetes, regenreiches Hügelland. Zur Erforschung der Darien-Kanalroute gab es, gefördert jeweils von englischer, französischer und amerikanischer Seite, von 1850 bis 1904 zwei Erkundungen, sieben Routenvorschläge und zwei Konzessionsvergaben. Eine praktikable und kostengünstige Route über die 65 Kilometer breite Landenge konnte jedoch nicht entdeckt werden.
- **Kolumbien (Atrato-Route):** Der Rio Atrato ist ein Fluss im Gebiet des heutigen nordwestlichen Kolumbiens im Übergangsbereich von Mittelamerika nach Südamerika. Der Fluss entspringt an den Hängen der Cordillera Occidental in Kolumbien und fließt in nördlicher Richtung zum Golf von Uraba, einer Nebenbucht des Golfs von Darien, wo er ein großes, sumpfiges Flussdelta bildet. Der Fluss durchfließt die Provinz Choco von Süden nach Norden und bildet an zwei Stellen die Grenze zum benachbarten Departamento Antioquia. Der Atrato war auf Grund seiner tiefen Fahrrinne in der Vergangenheit als Fahrtroute für einen zentralamerikanischen Kanal zur Durchstoßung der Landenge mehrfach im Gespräch. Zur Erforschung der Atrato-Route erfolgen von 1827 bis 1846 zwei Erkundungen, acht Routenvorschläge wurden gemacht.

Zahlreiche Kanalkonzessionen wurden in Mexiko, Nikaragua und Kolumbien vergeben, verfielen meist jedoch frühzeitig und ungenutzt. Die Projekte scheiterten überwiegend in der Phase der Kapitalbeschaffung. Oft waren die Bauvorstellungen unrealistisch. Hinzu kamen Grenzstreitigkeiten zwischen den zentralamerikanischen Staaten oder der politische Konkurrenzkampf zwischen Engländern, Franzosen und Amerikanern. Beobachtbar ist die Dominanz von Nikaragua- und Panama-Route.

Die wichtigsten Projekte, Pläne, Unternehmungen und politischen Ereignisse bis zur Fertigstellung des Panamakanals durch die Amerikaner im Jahr 1914 waren:

- 1823: Die erste Konzession für einen interozeanischen Kanal in Nikaragua wurde an den Engländer Baily (für die Barclay-Bank in London) vergeben und verfiel kurz darauf. Zahlreiche weitere Kanalbau-Konzessionen in Nikaragua sollten folgen.
- 1823: Erklärung des Präsidenten der Vereinigten Staaten von Amerika, James Monroe, nach der u.a. den europäischen Mächten die Einmischung in die Angelegenheiten aller amerikanischen Staaten verwehrt wird (Monroedoktrin). Infolge der Doktrin wandte sich Zentralamerika 1825 an die Vereinigten Staaten, um sich durch deren Schutz die dauernde Gewalt über einen geplanten Kanal zu sichern.
- 1824: Die amerikanische Gruppe Benesky verhandelte über eine Kanalkonzession für die Nikaragua-Route und scheiterte.
- 1826: Eine Gruppe von New Yorker Finanziers unter Aaron H. Palmer erhielt von der Republik von Zentral-Amerika die Konzession zum Bau eines Kanals durch Nikaragua innerhalb von sieben Jahren und gründete die UNITED STATES ATLANTIC AND PACIFIC COMPANY in New York und London. Die Gesellschaft scheiterte, die Konzession verfiel.
- 1826: Simon Bolivar beauftragte Erkundungsreisen zur Planung eines Kanals am Rio Chagres (Panama-Route).
- 1827: Erkundungen für eine Kanaltrasse auf der Atrato-Route.
- 1828: Eine holländische Gesellschaft unter dem Schutz des Königs der Niederlande zur Ausführung eines interozeanischen Kanals in Nikaragua scheiterte 1830.
- 1835: Der Senat der Vereinigten Staaten von Amerika nahm mit Neu-Granada Verhandlungen über einen interozeanischen Kanal auf. John L. Stephens legte einen Untersuchungsbericht über die vorgeschlagenen Kanalrouten vor und empfahl die Nikaragua-Route. Die Verhandlungen blieben erfolglos.
- 1835: Die Konzession Neu-Granadas (Kolumbien) für einen interozeanischen Kanal auf der Panama-Route an eine französische Gruppe unter Baron de Thierry verfiel 1837.
- 1837: Erstmalig wurden Erkundungen für einen interozeanischen Kanaldurchstich auf der San Blas Route durchgeführt.

- 1838: Neu-Granada (Kolumbien) verlieh einer Gesellschaft der französischen Gruppe Salomon (SYNDICAT D`ETUDE SALOMON) in Nachfolge von Baron de Thierry die Konzession zum Bau einer Straßenverbindung, einer Eisenbahn oder eines Kanals über die Landenge von Panama. Die Konzession verfiel 1842, nachdem die französische Regierung keinerlei Interesse an dem Projekt zeigte.
- 1843-1845: Der Franzose Napoléon Garella lieferte auf Veranlassung des französischen Außenministers Guizot eine Studie zur Prüfung der Vorschläge der Salomon-Gruppe. Der Bericht verwarf die Salomon-Vorschläge als zu optimistisch und empfahl die Anlage eines Schleusenkanals mit Tunnel vom Golf von Panama zum Golf von Limon. Die Pläne wurden dann nicht weiter verfolgt.
- 1844: Eine belgische Gesellschaft verhandelte über eine Kanalkonzession für die Nikaragua-Route, die Verhandlungen scheiterten.
- 1845-1847: Mateo Kline erhielt für eine französische Gruppe von Neu-Granada (Kolumbien) eine Konzession für eine Eisenbahn über die Landenge von Panama. Die Konzession verfiel ungenutzt 1848.
- 1846: Die Vereinigten Staaten von Amerika schlossen mit Neu-Granada (Kolumbien) einen Vertrag, durch den sie ihren Staatsangehörigen den gleichen Zugang zu einem Kanal durch den Isthmus von Panama zusichern, wie den Bürgern Kolumbiens. Die Vereinigten Staaten verpflichteten sich, die Neutralisierung eines derartigen Kanals zu gewährleisten und erhielten Vorrechte (Bidlack-Mallarion-Vertrag).
- 1846: Erkundungen für eine Kanaltrasse wurden durch eine britische Ingenieursgruppe auf der Atrato-Route vorgenommen.
- 1847: Die Regierung der Vereinigten Staaten von Amerika schloss Kontrakte für den gebrochenen Post- und Personenverkehr über Mexiko, Nikaragua und Panama mit der UNITED STATES MAIL STEAMSHIP COMPANY und der PACIFIC MAIL STEAMSHIP COMPANY ab.
- 1849: Die amerikanische Gesellschaft ACCESSORY TRANSIT COMPANY (OF NICARAGUA) erhielt von der Regierung Nikaraguas eine Transportkonzession sowie die Konzession zum Bau eines interozeanischen Kanals quer durch Nikaragua. Die Kanalkonzession wurde wenig später von der Vanderbilt-Gesellschaft AMERICAN ATLANTIC AND PACIFIC-SHIP-CANAL COMPANY übernommen, die von 1850-1852 die Kanaltrasse untersuchte. Das Kanalprojekt scheiterte, als Nikaragua 1856 die Konzession wegen Untätigkeit der Gesellschaft annullierte.
- 1849: Der Engländer Edward Cullen untersuchte und plante einen Kanaldurchstich bei Darien (San Blas Route). Er erhielt 1851 eine Kanalkonzession und gründete 1853 in London die ATLANTIC AND PACIFIC JUNCTION COMPANY. Das Projekt scheiterte 1859, die Gesellschaft wurde aufgelöst.

- 1849: In New York wurde die Panama-Eisenbahn-Gesellschaft PANAMA RAIL ROAD COMPANY mit einem Kapital von 7.000.000 US-Dollar gegründet und erhielt von Kolumbien eine bis 1966 befristete Konzession für die Überquerung der Landenge von Panama. Gründer der Eisenbahn-Gesellschaft waren William Henry Aspinwall (1807-1875) und der Bankier Henry Chauncey.
- 1850 Beginn des Baus der Panama-Eisenbahn. Ohne Rücksicht auf Geld und Menschenleben wurde an einer möglichst schnellen Fertigstellung der Bahntrasse gearbeitet. Rund 6.000 Arbeiter - so wird berichtet - kamen während der Bauarbeiten an Cholera, Malaria, Ruhr oder Pocken ums Leben.
- 1850: England und die Vereinigten Staaten von Amerika verpflichteten sich: „Keine der beiden Mächte soll selbständig einen mittelamerikanischen Kanal bauen und unter Kontrolle nehmen dürfen" (Clayton-Bulwer-Vertrag), nachdem England seit 1841 durch Landbesetzungen versucht hatte, sich bei Greytown den atlantischen Zugang zu einem zukünftigen Nikaraguakanal zu sichern.
- 1850: Die französische Gesellschaft COMPAGNIE DU GOLFE DULCE des Generalkonsuls Lafond erhielt einen Konzessionsvertrag zur Ansiedlung von Kolonisten sowie zum Bau eines Kanals sowie einer Eisenbahn von Bocas del Toro bis zum Golfo Dulce (Chiriqui-Route). Das Projekt scheiterte. 1852 ging der Vertrag an die COSTA RICA ATLANTIC-PACIFIC JUNCTION AND COLONIZATION COMPANY über, die 1854 aufgab.
- 1851 Beginn der Transporte der ACCESSORY TRANSIT COMPANY (OF NICARAGUA) im gebrochenen Verkehr über den Nikaraguasee (Nikaragua-Route). Aufgabe der Transporte und Liquidation der Gesellschaft 1863.
- 1851: Vergabe einer Kanalkonzession an eine englisch-französische Gruppe für die Atrato-Route, das Projekt scheiterte.
- 1852: Die Stadt Colon wurde offiziell gegründet.
- 1853: Die THE TEHUANTEPEC COMPANY, New Orleans, wurde 1853 in Louisiana mit staatlicher Förderung (als Chartered Company) gegründet. Zweck der Gesellschaft war der Bau und der Betrieb einer interozeanischen Verkehrsverbindung (Kanal oder Eisenbahn) über die Landenge von Tehuantepec in Mexiko. Die Gesellschaft scheiterte mit dem Beginn des amerikanischen Bürgerkriegs und wurde 1857 aufgelöst.
- 1853: Konzessionsvertrag zwischen Honduras und dem Amerikaner Ephraim George Squier (1821-1888) für eine Bahnlinie Puerto Caballas - Golf von Fonseca (Honduras-Route). Die HONDURAS INTEROCEANIC RAILWAY COMPANY wurde 1854 gegründet, das Projekt scheiterte in der Kapitalbeschaffungsphase.
- 1855: Ein Projekt für eine interozeanische Straßenverbindung durch eine nordamerikanische Gruppe (Chiriqui-Route) scheiterte.

- 1855: Ein Kanalprojekt für die Panama-Route scheiterte, die Konzession verfiel.
- 1855: Die Vergabe einer Kanalkonzession an eine englisch-französische Gruppe für die Atrato-Route scheiterte.

- 1855: Erst nach fünf Jahren Bauzeit wurde die 76 km lange eingleisige Panama-Eisenbahn (PANAMA RAIL ROAD COMPANY) – die erste amerikanische, transkontinentale Eisenbahn von Ozean zu Ozean – dem Verkehr übergeben. Die einfache Fahrt kostete zu dieser Zeit 25 US-Dollar in Gold pro Kopf und dauerte fünf Stunden. Wer diese immense Ausgabe scheute, konnte zwei Tage lang zu Fuß marschieren und die Eisenbahntrasse als Weg benutzen – gegen Zahlung von 5 US-Dollar. Schiffe der „PACIFIC MAIL STEAMSHIP COMPANY" fuhren auf beiden Ozeanen nach und von Panama und boten in

Zusammenarbeit mit der PANAMA RAIL ROAD COMPANY einen regelmäßigen Passagierdienst nebst Postbeförderung nach Kalifornien an.

- 1857: Die THE LOUISIANA TEHUANTEPEC COMPANY, New Orleans, wurde 1857 als Funktionsnachfolger der aufgelösten THE TEHUANTEPEC COMPANY von 1853 gegründet. Zweck der Gesellschaft war der Bau und der Betrieb einer interozeanischen Eisenbahn über die Landenge von Tehuantepec. Erst 1881 konnte die erste Teilstrecke dem Verkehr übergeben werden. Im Jahre 1894 wurde die Strecke von Puerto Mexico nach Salina Cruz gebaut. 1917 wurde die Eisenbahngesellschaft vom mexikanischen Staat übernommen.

- 1859: Ein Vertrag Cass-Irisarri zwischen Nikaragua und den Vereinigten Staaten von Amerika über einen transisthmischen Kanal (Nikaragua-Route) kam zustande und scheiterte später.

- 1860: Die CENTRAL AMERICAN TRANSIT COMPANY wurde 1860 gegründet, nachdem die ACCESSORY TRANSIT COMPANY (OF NICARAGUA) 1857 ihren Vertrag für den interozeanischen Transit über Nikaragua verlor. Sie nahm 1862 den Personenverkehr zwischen New York und San Franzisko über Nikaragua auf. Nach ihrem Bankrott 1868 wurde die Gesellschaft aufgelöst.

- 1860: Ein Kanalprojekt für die Panama-Route scheiterte, die Konzession verfiel.

- 1860: Vergabe einer Kanalkonzession an eine französische Gruppe für die Darien-Route, das Projekt scheiterte.

- 1862: Der seit 1848 anhaltende kalifornische Goldrausch machte die Panama-Eisenbahn in den ersten sechs Jahren nach ihrer Fertigstellung zu einer Goldgrube. In diesem Zeitraum liegt der Gewinn der Gesellschaft bei rund 7 Millionen US-Dollar. Die ausgeschütteten Dividenden betrugen 15% und erreichten 44%. Mehr als 400.000 Reisende überquerten von 1856 bis 1866 mit der Bahn den Isthmus. Die Glanzjahre der Bahn währten bis 1869, als im Norden der Vereinigten Staaten von Amerika die Pazifik-Bahn von New York nach San Franzisko fertiggestellt wurde.

- 1862: Die PANAMA RAILROAD STEAMSHIP COMPANY (auch: PANAMA STEAMSHIP COMPANY AND PANAMA LINE) wurde 1862 in New York gegründet und betrieb Passagier- und Frachtverkehr in Zusammenarbeit mit der PANAMA RAIL ROAD COMPANY. 1981 ging die Gesellschaft auf die Republik Panama über.

- 1863: Vertrag zwischen Nikaragua und dem Engländer Bedford Clapperton Trevelyan Pim (1826-1886) über einc transisthmischen Bahnlinie über Nikaragua. 1866 erfolgte die Gründung der NICARAGUAN RAILWAY COMPANY. Die Gesellschaft scheiterte, da nicht genügend Kapital beschafft werden konnte.

- 1864: Der Colindres-Clay-Vertrag zwischen Honduras und den Vereinigten Staaten von Amerika über einen transisthmischen Kanal oder eine Eisenbahnlinie (Honduras-Route) wurde geschlossen.
- 1866: Vergabe einer Kanalkonzession an eine englisch-französische Gruppe für die Atrato-Route, das Projekt scheiterte.
- 1866: Francisco Kurtze verhandelte mit der Regierung der Republik Costa Rica über eine 70-jährige Konzession für den Bau einer interozeanischen Eisenbahnlinie von Port Limon nach Caldera. Das Projekt scheiterte.
- 1867: HONDURAS STATE RAILWAYS. Die Regierung von Honduras begab 1867, 1869 und 1870 in London und Paris „HONDURAS GOVERNMENT RAILWAY LOANS" zur Finanzierung eines interozeanischen Eisenbahnnetzes. 1872 wurde die Anleihe „HONDURIAN GOVERNMENT SHIP RAILWAY LOAN" zur geplanten Finanzierung einer Schiffseisenbahn begeben. Die Pläne von 1872 scheiterten. Alle Anleihen wurden notleidend und von der neu gegründeten HONDURAS INTEROCEANIC RAILWAY COMPANY übernommen. 1882 scheiterte auch diese Gesellschaft und wurde liquidiert. Weitere Reorganisationsmaßnahmen erfolgten ab 1887 durch die amerikanische Gesellschaft HONDURAS RAILWAY COMPANY (1892) und später durch das HONDURAS SYNDICATE (1897). Alle Versuche scheiterten bis 1900.
- 1868: Die Vereinigten Staaten von Amerika erhalten das Transitrecht in Nikaragua. Dampfer fuhren seit 1864 auf dem Fluss San Juan hinauf und kreuzten den Nikaraguasee bis La Virgen am Westufer, worauf der Landtransport bis San Juan del Sur erfolgte.
- 1868: Die THE TEHUANTEPEC RAILWAY COMPANY wurde in Vermont gegründet. Zweck der Gesellschaft war der Bau und der Betrieb einer interozeanischen Eisenbahn, Strasse und Telegraphenleitung über die Landenge von Tehuantepec in Mexiko. Die Gesellschaft scheiterte.
- 1870: Die DARIEN CANAL COMPANY OF AMERICA, New York, plante einen interozeanischen Kanal auf der Darien-Route, sie kam aus der Gründungsphase nicht heraus.
- 1869-1876: Der amerikanische Präsident Ulysses S. Grant beauftragte eine Kommission (Interoceanic Canal Commission 1872) mit der Prüfung aller in Frage kommenden interozeanischen Kanaltrassen und entsandte Expeditionen in die wichtigsten Gegenden. Die Kommission unter Commodore Daniel Ammen berichtete dem Kongress in Washington und empfahl einen Schleusenkanal auf der Nikaragua-Route.
- 1872: Sir James Brunless und E. C. Webb schlugen der Regierung von Honduras eine Schiffseisenbahn von Puerto Caballos nach Fonseca Bay vor. Die Regierung konnte die notwendigen Finanzmittel nicht aufbringen, das Projekt scheiterte.

- 1873: Der Franzose Charles Lefevre versuchte mit dem mittelamerikanischen Eisenbahnprojekt THE INTER-OCEANIC RAILWAY OF HONDURAS Kapitalanleger zu betrügen. Nur 50 Meilen Gleise wurden verlegt, dann kollabierte die Eisenbahngesellschaft.
- 1873: Der französische Ingenieur Amédée Sébillot gründete in Paris zum Bau einer Schiffseisenbahn über die Landenge von Panama die Gesellschaft CHEMIN DE FER INTEROCÉANIQUE DE PANAMA POUR LE TRANSPORT DES NAVIRES À TRAVERS L`ISTHME (SYSTÈME SÉBILLOT). Gründer der Gesellschaft waren die Herren Sébillot, Kieffer & Hougron. Die Gesellschaft begab Anteilscheine (Certificats de Participation). Die Pläne scheiterten.
- 1875: Frederick Collins von der US-Navy suchte und erforschte eine wirtschaftliche Kanalstrecke über den Isthmus von Darien. Er empfahl einen Schleusenkanal mit einem Tunnel zur Chiri-Chiri-Bucht.
- 1876: Vergabe einer Kanalkonzession an eine französische Gruppe für die Darien-Route, Vorstudien 1876-1878, das Projekt scheiterte.
- 1877: Die französischen Ingenieure Sautereau und Pouchet versuchten ab 1876 einen Schleusenkanal durch Einbeziehung des Nikaraguasees zu verwirklichen. Die von ihnen geplante Aktiengesellschaft CANAL MARITIME INTEROCÉANIQUE DU NICARAGUA mit Sitz in Paris sollte seinerzeit zum Erwerb einer Kanalkonzession von Nikaragua gegründet werden. Die Pläne scheiterten.
- 1879: Die THE TEHUANTEPEC INTER-OCEAN RAILROAD COMPANY wurde 1879 in Massachusetts gegründet. Zweck der Gesellschaft war der Bau und der Betrieb einer interozeanischen Eisenbahn oder Schiffseisenbahn über die Landenge von Tehuantepec. Die Gesellschaft scheiterte.
- 1879: Erstgründung der Lesseps`schen Panamakanal-Gesellschaft COMPAGNIE UNIVERSELLE DU CANAL INTEROCÉANIQUE mit Sitz in Paris und einem Kapital von 400 Millionen französischen Goldfranken. Der Börsengang missglückte, die Zeichner erhielten ihr Geld zurück.
- 1880: Zweitgründung der Lesseps`schen COMPAGNIE UNIVERSELLE DU CANAL INTEROCÉANIQUE DE PANAMA mit Sitz in Paris und einem Kapital von 300 Millionen französischen Goldfranken. Die Aktienemission glückte und wurde überzeichnet. Von 1882 bis 1888 wurden verschiedene Genussscheine, Obligationen und Losanleihen begeben. Die Gesellschaft ging ab 1889 in Liquidation.
- 1880: Der frühere amerikanische Präsident Grant gründete in New York eine Gesellschaft zum Bau eines Nikaraguakanals. Die Gesellschaft scheiterte bald darauf.
- 1881: Der amerikanische Ingenieur James Buchanan Eads (1820-1887) erhielt 1881 von der mexikanischen Regierung die Konzession zum Bau einer Schiffseisenbahn über die Landenge von Tehuantepec in Mexiko. Eads

schlug vor, eine vielgleisige Bahn von 216 Kilometer Länge über die Höhe von Tehuantepec herzustellen, auf der die größten Seeschiffe mit Ladung von Meer zu Meer transportiert werden könnten. Durch eine mittels Schleusen den Fahrzeugen zugänglichen Hebevorrichtungen sollten sie auf die Wagengestelle gebracht werden. Die Wagen sollten 130 Meter Länge und 1.500 Räder bei 12 Schienensträngen haben und Schiffe bis zu 6.000 Tonnen Gewicht tragen.

- 1883: Finanziert durch Eads persönlich begannen die Bauarbeiten an der Schiffsbahn von Tehuantepec. Eads gründete hierzu die ATLANTIC AND PACIFIC SHIP-RAILWAY COMPANY. Die erhoffte staatliche Finanzhilfe für das Projekt blieb 1886 aus. Das Projekt scheiterte mit Eads Tod 1887.
- 1885: Neue Vermessungen der Nikaragua-Route durch A. G. Menocal. Er erhielt 1887 von Nikaragua eine Konzession zum Bau eines Kanals von Greytown nach Brito. Das Projekt scheiterte.
- 1887: Nach dem Tod Eads gründeten seine Teilhaber zur Weiterführung des Schiffseisenbahnprojektes von Tehuantepec die NEW ATLANTIC AND PACIFIC SHIP-RAILWAY COMPANY. Die Gesellschaft scheiterte bereits in der Gründungsphase.
- 1888: Die 1888 gegründete INTEROCEANIC RAILWAY OF MEXICO (ACAPULCO TO VERA CRUZ) LTD mit Sitz in London erbaute die erste interozeanische Eisenbahn Mexikos von Acapulco nach Vera Cruz. Die Bahn wurde 1894 fertiggestellt, 1945 von der mexikanischen Regierung aufgekauft.
- 1889: De Lesseps versuchte nach dem Bankrott der französischen Panamakanal-Compagnie am 12.1.1889 die Auffanggesellschaft COMPAGNIE UNIVERSELLE POUR L`ACHÈVEMENT DU CANAL INTEROCÉANIQUE mit Sitz in Paris zur Weiterführung der Arbeiten am Panamakanal ins Leben zu rufen (Kapital 30 Millionen französische Goldfranken eingeteilt in 60.000 Aktien über je 500 französische Goldfranken). Die Aktienemission scheiterte im Februar 1889, da nur 9.000 Aktien vom Publikum gezeichnet wurden.
- 1889: Admiral Amman gründete in New York unter der Führung von J.P. Morgan die MARITIME CANAL COMPANY OF NICARAGUA. Der Bau des Nikaraguakanals sollte bei San Juan del Norte beginnen. 1893 Aufgabe des Projekts wegen mangelnder Finanzierung; Liquidation der Gesellschaft.
- 1889: Die THE NICARAGUA CANAL CONSTRUCTION COMPANY aus Colorado plante den Bau eines Kanals über die zentralamerikanische Landenge in Nikaragua. Ab 1893 war das Kapital der Gesellschaft verbraucht, die Arbeiten wurden eingestellt, die Gesellschaft liquidiert.
- 1889: Die von dem französischen Ingenieur Sautereau gegründete SOCIÉTÉ INTERNATIONALE D`ÉTUDES DU CANAL INTEROCÉANIQUE DE PANAMA mit Sitz in Paris hatte die Aufgabe ein Forschungsprojekt zu betreiben, mit dem Ziel der Weiterführung der Arbeiten am Panamakanal. Die Gesellschaft ging

1892 in der SOCIÉTÉ D`ÉTUDES ET DE PUBLICATIONS POUR FAVORISER L`ACHÈVEMENT DU CANAL DE PANAMA auf.

- 1890: Die SOCIÉTÉ FRANÇAISE DES CHEMINS DE FER À NAVIRES mit Sitz in Paris des französischen Ingenieurs Sébillot sollte die Weiterführung der französischen Arbeiten am Panamakanal untersuchen. Sébillot stellte 1894 seine Pläne für die Fertigstellung eines Niveaukanals in Panama vor. Die Schiffe sollten in der Mitte des Kanals mit einer Schiffseisenbahn über die Höhe von Culebra gezogen werden.
- 1894: Gründung der Auffanggesellschaft COMPAGNIE NOUVELLE DU CANAL DE PANAMA, Paris
- 1899: Die TEHUANTEPEC RAILWAY COMPANY wurde von der mexikanischen Regierung und dem Bankhaus S. Pearson & Co. Ltd in Mexiko gegründet. Zweck der Gesellschaft war der Bau und der Betrieb einer interozeanischen Eisenbahn über die Landenge von Tehuantepec in Mexiko. 1902 Umorganisation in TEHUANTEPEC NATIONAL RAILWAY COMPANY (COMPAÑIA DE FERROCARRIL NACIONAL DE TEHUANTEPEC). 1899, 1904, 1905 und 1909 wurden verschiedene Anleihen begeben. 1925 Übergang der Eisenbahngesellschaft auf den mexikanischen Staat.
- 1899: Es bildete sich die PANAMA CANAL COMPANY OF AMERICA mit Sitz in New Jersey. Die Gesellschaft sollte den Amerikanern den Kauf der französischen COMPAGNIE NOUVELLE DU CANAL DE PANAMA erleichtern und die Befürworter der Nikaragua-Route umstimmen. Die Gesellschaft wurde jedoch mit der „Compagnie Nouvelle" nicht handelseinig, scheiterte und wurde 1907 aufgelöst.
- 1909: Die COMPANY GENERAL OF CENTRAL AMERICA ATLANTIC-PACIFIC RAILWAY INCORPORATED wurde 1909 unter dem Recht des Staates Arizona mit Sitz in Paris und Prescott/Arizona gegründet. Eine interozeanische Eisenbahnlinie durch Nikaragua sollte gebaut werden. Die Gesellschaft scheiterte.

4. Pläne de Lesseps` für einen Panamakanal (1856-1879)

Der Panamakanal wäre ohne den großen Erfolg des Grafen de Lesseps beim Bau des Suezkanals und ohne die darauf folgende Hausse der Suezkanal-Aktien an der Pariser Börse vermutlich nie durch die französische Nation finanziert worden. Die Suezkanal-Gesellschaft COMPAGNIE UNIVERSELLE DU CANAL MARITIME DE SUEZ wurde im Dezember 1858 durch Initiative des Grafen Ferdinand de Lesseps mit einem Kapital von 200 Millionen französischen Goldfranken und Sitz in Alexandria gegründet.

Die Emission der Aktien und Obligationen der Gesellschaft sollte zwar auf allen großen Finanzplätzen der Welt stattfinden, erfolgte aber faktisch weitestgehend in Frankreich. De Lesseps brachte die ihm von der ägyptischen Regierung 1855 und 1856 erteilte 99 Jahre gültige Konzession zum Bau und Betrieb des Kanals zwischen dem Mittelmeer und dem Roten Meer in die Gesellschaft ein.

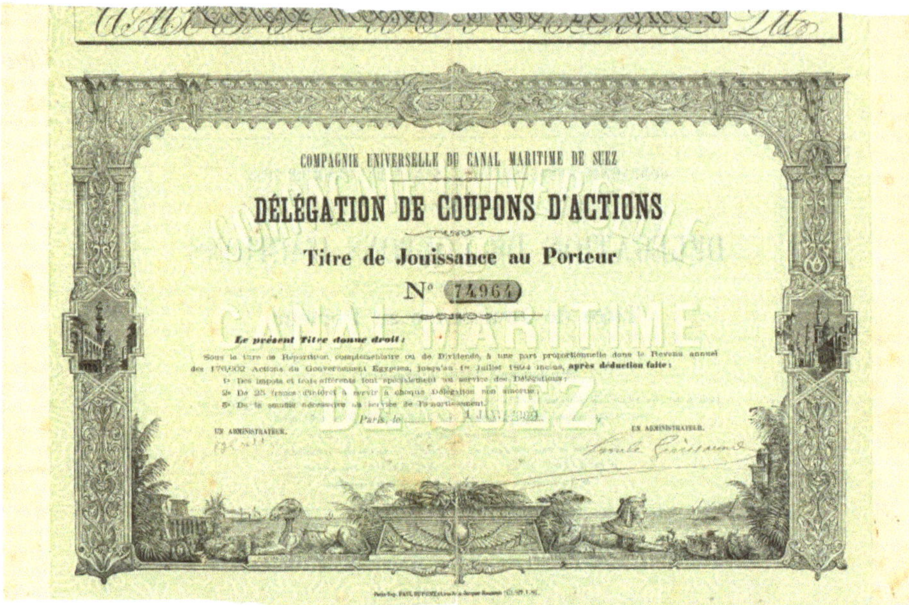

Genussschein der Suezkanal-Gesellschaft von 1889.

1859 wurde mit dem Bau des Kanals begonnen, zeitweise waren bei den Bauarbeiten bis zu 30.000 Arbeiter beschäftigt. Die Suezkanal-Gesellschaft gründete entlang der geplanten Kanaltrasse die Städte Port-Said, Ismailia und Port Thewfik und gewährleistete durch den Bau eines Süßwasserkanals die Wasserversorgung dieser Städte. 1866 sanktionierte der Sultan in Konstantinopel - nach anfänglichem Widerstand Großbritanniens - offiziell die Arbeiten am Kanal. Schwierigkeiten entstanden vor allem bei der Finanzierung des Projektes, da sich - abgesehen von Frankreich - alle Staaten, bei denen Interesse an einer Beteiligung vermutet wurde, zurückhielten.

Im November 1869 erfolgte die Eröffnung des Kanals. De Lesseps war der Held Europas. Die reinen Baukosten betrugen 287 Millionen französische Goldfranken; die gesamten Ausgaben bis zur Eröffnung beliefen sich auf 432 Millionen französische Goldfranken. Die Länge des Kanals betrug 168 Kilometer zwischen Port-Said und Suez, Breite 20 Meter, Tiefe acht Meter, Erdaushub 74 Millionen Kubikmeter. 1870 betrug das Passageaufkommen 437.000 Nettoregistertonnen.

Ab 1871 konnten die Aktien und Obligationen der Gesellschaft nicht mehr ordnungsgemäß bedient werden. 1873 fehlten zur Bedienung der Aktionäre und Obligationäre vorübergehend 20 Millionen französische Goldfranken in der Kasse der Gesellschaft. Es wurden zunächst Gutscheine für die rückständigen Leistungen ausgegeben. Bereits 1874 verbesserte sich die finanzielle Situation der Suezkanal-Gesellschaft jedoch zusehends - der Kanal wurde langsam rentabel und der Kurs der Suezaktien sollte von nun an unablässig steigen.

Angeregt durch Lesseps` großen Erfolg beim Bau des Suezkanals befassten sich nun die internationalen Geographenkongresse 1871 in Antwerpen und 1875 in Paris mit der zentralamerikanischen Kanalfrage und empfahlen: „Man solle dort einen Schleusenkanal nur dann bauen, wenn ein Niveaukanal sich als unmöglich erweisen würde".

Karikatur von de Lesseps durch André Gill, 1867.

Graf Ferdinand de Lesseps trat 1876 an die Spitze eines Komitees der SOCIÉTÉ DE GEOGRAPHIE DE PARIS zur Erforschung der Landenge von Darien (Panama) und zur Prüfung der interozeanischen Kanalfrage. Gleichzeitig entstand 1876 unter dem ungarischen General Istvan Türr die Studiengesellschaft SOCIÉTÉ CIVILE INTERNATIONALE DU CANAL INTEROCÉANIQUE DE DARIEN, kurz: das Türr-Syndikat.

Das Kapital des Syndikats betrug 300.000 französische Goldfranken, eingeteilt in rund 60 Anteile. Das Syndikat entsandte 1876 bis 1878 eine Expedition unter der Leitung von Kapitänleutnant Lucien Napoléon Bonaparte Wyse nach Mittelamerika zur Untersuchung der günstigsten Kanaltrasse auf der Landenge von Darien. Wyse wurde begleitet von dem französischen Marineoffizier Armand Réclus.

Die Expedition erforschte vor Ort die verschiedenen Möglichkeiten eines Kanaldurchstichs: in Darien, bei San Blas, in Nikaragua und in Panama. Die Forschungsarbeiten in Panama wurden seinerzeit relativ schnell abgeschlossen. Sie nahmen noch nicht einmal einen Monat in Anspruch, wie Wyse und Réclus berichteten.

Wyse schreibt in seinem von der Académie Française ausgezeichneten Buch „Le Canal de Panama", dass eine derartig schnelle Untersuchung in Panama aufgrund der bereits existierenden Vorarbeiten möglich war. Die vorgebrachte Kritik einer übereilten Untersuchung sei unberechtigt und alle, die sich daran stoßen, sollten wissen, dass es sich bei Panama um eine relativ zivilisierte Region handelt, die geologisch einfacher zu erforschen sei, als etwa die Wüsten oder Urwälder von Darien oder San Blas.

Diese Rechtfertigungen des stark von Eigeninteressen getriebenen Wyse`s machen deutlich, dass die hier aufgekommene Kritik zumindest teilweise berechtigt war. Tatsache war allerdings auch, dass in dieser Gegend bereits die Eisenbahn von Colon nach Panama (PANAMA RAIL ROAD COMPANY) existierte bzw. dass sich die Untersuchungen Wyse`s auf Forschungsergebnisse aus der Bauphase der Panama-Eisenbahn stützen konnten. Abschließend kam Wyse zu der Erkenntnis, dass auf der Panamatrasse ein Kanal ohne Schleusen nur mit einem Tunnel von sieben Kilometer Länge möglich sei.

Nach Abschluss seiner Arbeiten nahm Wyse Verhandlungen zur Kanalfrage mit den Vereinigten Staaten von Kolumbien auf. Dies führte in der kolumbianischen Hauptstadt Bogota am 28. Mai 1878 zu einem Abkommen, das dem Türr-Syndikat einen durch den Kongress von Kolumbien bestätigten Konzessionsvertrag für einen interozeanischen Kanal über die Landenge von Panama übertrug:

Innerhalb von 14 Jahren sollte der Kanal gebaut werden. Dem Türr-Syndikat wurde das ausschließliche Recht gewährt – mit einer Gültigkeit von 99 Jahren – den geplanten Kanal zu betreiben. Als Garantiesumme hatte das Syndikat 750.000 französische Goldfranken bei einer Londoner Bank bis spätestens 1882 zu hinterlegen. Die Konzession war auf andere Privatpersonen oder Syndikate übertragbar. Es blieb den Konzessionsnehmern überlassen, sich mit der Panama-Eisenbahn wegen ihrer monopolistischen Verkehrsrechte auf der Landenge von Panama zu arrangieren.

Kaum im Besitz der Konzession, setzte sich Wyse mit dem zu dieser Zeit hoch angesehenen Grafen Ferdinand de Lesseps in Verbindung. De Lesseps machte das Wyse-Projekt zu seiner Sache, zu einem Projekt, das für den Schiffstransit den Bau eines schleusenlosen Niveaukanals vorsah.

Die entsprechenden Pläne stellte de Lesseps in der Akademie der Wissenschaften (ACADÉMIE DES SCIENCES) vor, die seine Ideen immer gern unterstützte. Im Mai 1879 berief de Lesseps unter der Schirmherrschaft der Geografischen Gesellschaft (SOCIÉTÉ DE GÉOGRAPHIE DE PARIS) einen internationalen Kongress mit 135 Teilnehmern nach Paris ein. Unter den Teilnehmern waren 21 hervorragende französische und ausländische Ingenieure sowie Persönlichkeiten aus Wirtschaft und Finanzwelt. Der Kongress sollte die günstigste Route für einen mittelamerikanischen, interozeanischen Kanal beraten und auswählen (CONGRÈS INTERNATIONAL D`ÉTUDES DU CANAL INTEROCÉANIQUE).

Die Ergebnisprotokolle des Kongresses sind aufschlussreich. Es wurde klar, dass Lesseps um jeden Preis die Route von Colon nach Panama bevorzugte und andere Kanaltrassen ablehnte. Entscheidend für Lesseps war, dass nach seiner Ansicht nur bei Panama aufgrund der geologischen Verhältnisse ein Kanal im Meeresniveau - wie bei Suez - erbaut werden könne. Für die Panamalinie sprachen zusätzlich auch der fertige Vertrag mit Kolumbien, die vorhandene Panama-Eisenbahn sowie die beiden an den Durchgangsverkehr gewöhnten Hafenstädte Colon und Panama.

Einige hochkompetente Kongressteilnehmer forderten jedoch zusätzliche Bodenuntersuchungen auf der Panamatrasse, ehe man sich endgültig entscheiden würde. So ist zu erklären, dass nach vielen parlamentsähnlichen Debatten der 45-köpfige technische Ausschuss folgende Resolution wunschgemäß verabschieden sollte: „Der technische Ausschuss legt fest, dass der interozeanische Kanal zwischen Colon und Panama verlaufen soll." Dieser dem Wunsch Lesseps` entsprechende Vorschlag erhielt nur 20 Ja-Stimmen, 9 Gegenstimmen und 16 Enthaltungen und war damit abgelehnt.

Nach einer vom Plenum des Kongresses ausgehenden Abstimmungsregelung stimmte man auch auf der Abschlusssitzung des Kongresses am 29. Mai 1879 zur gleichen Frage mit „Nein", jedoch kurz darauf mit „Ja" aufgrund einer modifizierten neuen Abstimmungsregel, „die morgens in einer privaten Besprechung gefasst wurde" vom Präsidenten, Vize-Präsidenten, von Sekretären und von den Berichterstattern der fünf Sektionen.

Die modifizierte Regel sah eine Abstimmung mit einfacher Mehrheit und namentlichem Aufruf vor, wobei Stimmenthaltungen nicht gezählt wurden. Die Abstimmung über die Resolution führte unter dieser neuen Regel schließlich mit 78 Stimmen zur Zustimmung zum Niveaukanal von Colon nach Panama, da von den 135 Kongressteilnehmern 37 an der Abstimmung nicht teilnahmen, 12 sich enthielten und 8 mit Nein stimmten, insgesamt also nur 57 Teilnehmer der Resolution widersprachen.

Ein solches Abstimmungsergebnis - insbesondere unter dem Eindruck wertvoller, technischer Hinweise seitens der Opponenten - hätte Ferdinand de Lesseps eigentlich nachdenklich machen müssen. Aber als glücklicher Gewinner wollte er die Sache nun schnell voranbringen. De Lesseps hatte bereits eine Gründergesellschaft (SOCIÉTÉ DE FONDATEURS) etabliert. Er ließ sich vom Türr-Syndikat die durch die Vereinigten Staaten von Kolumbien verliehene Kanalkonzession für eine Summe von 5 Millionen französischen Goldfranken, zahlbar in bar, und 5 Millionen französischen Goldfranken, zahlbar in Aktien der zukünftigen Panamakanal-Compagnie, übertragen. Hiernach zahlte er, wie im Konzessionsvertrag vereinbart, 750.000 französische Goldfranken vorab an Kolumbien. Die Kosten des Kanals wurden zu diesem Zeitpunkt auf 1,2 Milliarden französische Goldfranken geschätzt, die notwendige Bauzeit auf zwölf Jahre veranschlagt.

Im August 1879 - zehn Jahre nach Vollendung des Suezkanals - eröffnete de Lesseps mit dem guten Ruf seines Namens eine öffentliche Aktienemission über 400 Millionen französische Goldfranken (800.000 Aktien über je 500 Goldfranken) für die geplante COMPAGNIE UNIVERSELLE DU CANAL INTEROCÉANIQUE mit Sitz in Paris. Die Aktienplatzierung stieß beim Publikum auf wenig Gegenliebe und scheiterte kläglich, da sich die französische Finanzwelt und die Presse vornehm zurückhielten. Die wenigen Zeichner der Aktien erhielten prompt ihr Geld zurück und Ferdinand de Lesseps begann sein neues Kanalprojekt energischer und professioneller anzugehen. Er hatte nun begriffen, wie eine Aktienemission funktioniert. Lesseps eröffnete einen breit angelegten Propagandafeldzug für sein neues Vorhaben, er hielt öffentliche Konferenzen und Informationsveranstaltungen in ganz Frankreich ab und gründete seine Werbepublikation BULLETIN DU CANAL INTEROCÉANIQUE.

Pressehäuser machte er sich durch reichliche Geldzuwendungen willfährig. Die Presse begann nun überschwänglich die technischen, ökonomischen und finanzwirtschaftlichen Fähigkeiten des Präsidenten der zukünftigen Panamakanal-Compagnie zu loben. Sie kündigte Ende 1879 in ganz Europa an, dass de Lesseps beabsichtige, sich in Kürze in Richtung Panama einzuschiffen, und - um das Publikum zu beeindrucken - er dies mitsamt Frau und seinen drei kleinen Kindern tun würde. Eine ständige wissenschaftliche Kommission begleitete von nun an de Lesseps` Werk. Nochmals wurden die Kanalpläne diskutiert und überarbeitet. Tatsächlich bereiste der 75 Jahre alte de Lesseps 1879/80 begleitet von einer international besetzten Ingenieurskommission sowie einem Teil seiner Familie die Landenge von Panama.

Nach 18-20 Tagen Aufenthalt auf der Landenge von Panama fühlte sich dieser wissenschaftliche Aufmarsch über die Machbarkeit des Kanalvorhabens soweit hinlänglich informiert, um zu erklären, dass die Kostenschätzung für den Kanalbau, die Mitte 1879 vom Kongress noch auf 1,2 Milliarden französische Goldfranken geschätzt wurde, zu hoch sei. Ebenso wurde verbreitet, dass die Bauzeit des Kanals, die vom Internationalen Kongress noch auf 12 Jahre prognostiziert wurde, zu lang sei. Die geschätzten Baukosten wurden nun auf 843 Millionen französische Goldfranken, die Bauzeit auf acht Jahre reduziert.

Nach seiner Rückkehr erklärte Lesseps euphorisch, dass sich nach nochmaliger Kalkulation des im Berichts des Internationalen Kongresses vom 14. Februar 1880 enthaltenen Zahlenwerks, eine weitere Reduzierung der bisherigen Zahlen ergibt, und zwar: Dass der geplante Kanal schon für 658,6 Millionen französische

Goldfranken innerhalb von acht Jahren gebaut werden könne. Die jährlich zu erwarteten Einnahmen wurden nun auf 90 Millionen französische Goldfranken beziffert, der erforderliche Erdaushub wurde auf 75 Millionen Kubikmeter geschätzt.

Aber damit nicht genug der Kostenreduzierung! Nein, denn de Lesseps gibt weiterhin bekannt, dass zwei Bauunternehmer, und zwar die Herren Couvreux und Hersent „ihren Kostenvoranschlag vorgelegt haben, der besagt, dass die Fertigstellung des Kanals nicht wesentlich mehr als 500 Millionen französische Goldfranken kosten würde."

Diesmal schreibt die durch Geldzuwendungen stark motivierte Presse wahre Loblieder zugunsten des Lesseps`schen Vorhabens. Die Zeitungen überschlagen sich förmlich: Eine kündigte an, dass die Aktienzeichnung ein großer Erfolg werden wird, eine andere Zeitung bedauerte, dass sie die Protokolle des Kongresses seinerzeit nicht weiter in der Öffentlichkeit verbreitet habe. Ein drittes Blatt preiste in höchsten Tönen die Panamakanalroute, wohl wissend, dass der Kongress dieser Route seinerzeit eher zögerlich gegenüberstand.

Kurz: Die Zeitungsherausgeber verwendeten die schönsten Begrifflichkeiten und die trickreichsten Eigenschaftsworte, um dem Kanalprojekt eine wunderschöne Zukunft zu verheißen und das Projekt immer wieder sinnreich mit dem Suezkanal zu vergleichen. Die Risiken und die zahlreichen Unklarheiten der Unternehmung in Panama wurden plötzlich völlig sorglos verschwiegen. Man kann sagen, dass die Presse die Öffentlichkeit dahingehend zu beeinflussen versuchte, eine hochriskante Kapitalanlage möglichst kritiklos zu akzeptieren.

Auch die Finanzwelt wurde diesmal nicht vergessen. Lesseps präsentierte seine geplante Aktienplatzierung „unter der Schirmherrschaft und unter der Mitwirkung der bekanntesten Kreditinstitute und Finanzexperten Europas und Amerikas." Diese Schirmherrschaft war keineswegs gratis: Die Firmen oder Personen, die an der Gründung der französischen Panamakanal-Compagnie beteiligt waren, übernahmen nahezu die gesamte Emission und gaben die Wertpapiere allmählich bei steigenden Preisen in den Markt. Die sogenannte Schirmherrschaft entpuppte sich als ein simples Bankensyndikat und sollte innerhalb kürzester Zeit nach der Börseneinführung zu einer gewaltigen Aktienhausse führen.

5. Gründung der französischen Panamakanal-Compagnie 1880

Ende 1880 ließ de Lesseps die Satzung der neu zu gründenden Panamakanal-Compagnie vor dem Pariser Notar Champetier de Ribes niederlegen. Ein Bankenkonsortium zur Platzierung des Aktienkapitals der Kanalgesellschaft wurde zusammengestellt. Der wirtschaftliche Erfolg des Lesseps`schen Suezkanals zog aufgrund der Stimmungsmache der Banken und Presse viele begeisterte Kleinanleger und Spekulanten an - die Subskription der 590.000 teileingezahlten Aktien der Gesellschaft ab 7. Dezember 1880 wurde zwangsläufig mehrfach überzeichnet (590 Millionen französische Goldfranken). 10.000 volleingezahlte Aktien gingen wie vereinbart auf das konzessionshaltende Türr-Syndikat über. Auf der konstituierenden Hauptversammlung am 31. Januar 1881 wurde die Gründung der COMPAGNIE UNIVERSELLE DU CANAL INTEROCÉANIQUE DE PANAMA (Universalgesellschaft des interozeanischen Panamakanals) mit großer Begeisterung bekannt gegeben.

Angetrieben wurde die Euphorie auch durch die Erklärung der Bauunternehmung COUVREUX, HERSENT ET COMPAGNIE über die endgültige Auftragsannahme für die Kanalarbeiten bei einem gesenkten Kostenvoranschlag von nun 512 Millionen französischen Goldfranken. Ferdinand de Lesseps erklärte als Präsident der Gesellschaft, dass die Kosten für den geplanten Kanal insgesamt nicht mehr als 630 Millionen französische Goldfranken ausmachen würden und die Arbeiten nunmehr innerhalb von sechs Jahren zu schaffen seien. Die ganze Welt vertraute auf die Worte des Grafen, als er versicherte „dass ich Sie in sieben Jahren in Panama zur Kanaleröffnung treffen werde, und zwar am 1. Oktober 1887."

Der Kanal sollte 73 Kilometer lang, 8,5 Meter tief und am Wasserspiegel 40 Meter breit werden. Die Kanaltrasse sollte entlang der Bahnlinie von Colon am Atlantischen Ozean nach Panama am Pazifischen Ozean durch das Tal des Chagres-Flusses gezogen werden, und zwar ohne Schleusen und Tunnels im Niveau der beiden Ozeane. Die Ausgrabungen sollten 120 Millionen Kubikmeter nicht übersteigen. Die Arbeiten wurden der - beim Bau des Suezkanals bewährten - belgischen Bauunternehmung COUVREUX, HERSENT ET COMPAGNIE übertragen.

Die Panamakanal-Compagnie emittierte darüber hinaus auch 900 Gründeranteilscheine (Parts de Fondateur), die später zur besseren Handelbarkeit in Zehntel-Anteile gesplittet wurden. Zur gleichen Zeit genehmigte die Hauptversammlung einen Kreditrahmen über 15 Millionen französische Goldfranken für Lesseps` amerikanisches Promotionskomitee (COMITÉ DE DÉFENSE AMÉRICAIN), das er in New York gegründet hatte.

1881 machten sich die Baukonzessionäre COUVREUX, HERSENT ET COMPAGNIE sofort an die Arbeit. Die Arbeitsdurchführung war in zwei Phasen geplant:

- Die für rund zwei Jahre geplante (erste) Phase der Vorarbeiten, in der der größte Teil des Baumaterials beschafft, die Betriebsbauten erstellt und die Ausgrabungsarbeiten an verschiedenen Stellen begonnen wurden, mit dem Ziel einer möglichst genauen Kostenschätzung zur Ermittlung von Einheitspreisen.
- Die (zweite) Phase der eigentlichen Erdarbeiten, deren Kosten auf der Grundlage der in der Vorphase ermittelten Einheitspreise dann neu zu verhandeln wären.

Das Bauunternehmen COUVREUX, HERSENT ET COMPAGNIE war durch einen Vertrag vom 12. März 1881 verpflichtet, die Grabungsarbeiten am Kanal organisatorisch vorzubereiten und alle Arbeiten - zu Lasten der französischen Panamakanal-Compagnie - bis zur endgültigen Vollendung des Kanals durchzuführen.

1881 entstanden durch aus New York gesteuerte Betriebsstörungen Schwierigkeiten mit der im amerikanischen Besitz befindlichen Panama-Eisenbahn, die das Verkehrsmonopol auf der Landenge von Panama innehatte. In langwierigen Verhandlungen zwischen Paris und New York einigte man sich im Juni 1881. Die Panamakanal-Compagnie erwarb für 93.878.225 französische Goldfranken 68.475 Stück der existierenden 70.000 Aktien der amerikanischen PANAMA RAIL ROAD COMPANY zum Stückpreis von 250 US-Dollar. Zusätzlich übernahm die Kanalgesellschaft den Tilgungsfonds der Panama-Eisenbahn zur späteren Ablösung ihrer Schuldverschreibungen in Höhe von drei Millionen US-Dollar.

Aktie der französischen Panamakanal-Compagnie von 1880 (Ausschnitt).

Insgesamt kostete die Übernahme der Bahn durch die Panamakanal-Compagnie somit 20 Millionen US-Dollar. Auf das Stück umgerechnet kam der tatsächliche Kaufpreis je Aktie damit auf 292 US-Dollar, zu einer Zeit, als das Papier mit weniger als 100 US-Dollar an der New Yorker Börse gehandelt wurde. Den größten Vorteil aus dieser Übernahme verschaffte sich der Präsident der Panama-Eisenbahn, Trenor William Park. Er verdiente an dieser Finanztransaktion persönlich sieben Millionen US-Dollar.

Die Erwerbsoperation wurde von der französischen Panamakanal-Compagnie geschickt eingefädelt. Da nach amerikanischem Recht ein geschäftsführender Hauptgesellschafter einer Kapitalgesellschaft einen sehr weitreichenden Handlungsspielraum hatte, unterlief die Panamakanal-Compagnie durch den Erwerb der Aktienmajorität alle Schwierigkeiten mit der PANAMA RAIL ROAD COMPANY selber, deren Transitmonopol sie benötigte, als auch gewisse Schwierigkeiten mit der kolumbianischen Regierung, die sich zeitlich begrenzt gewisse Rechte an der Panama-Eisenbahn vorbehalten hatte.

Zur Finanzierung des Kaufs der Panama-Eisenbahn und um den Aktionären die - auch während der Bauzeit garantierte - 5%ige Dividende zahlen zu können, wurde von der Panamakanal-Compagnie im September 1882 eine erste Emission von 250.000 Obligationen über je 500 französische Goldfranken mit einem Zinsfuß von 5% begeben. Die Emission (5% Obligationen von 1883) führte zu einer Gesamteinnahme in Höhe von 109.375.000 französischen Goldfranken.

1882 begannen umfassende Erdarbeiten am Kanal. Der Kapitalhunger der Kanalgesellschaft nahm zu, die Konsequenzen ließen nicht lange auf sich warten: Im Oktober 1883 wurde von der Panamakanal-Compagnie eine zweite Anleiheemission von 600.000 Obligationen über je 500 französische Goldfranken angeboten (3% Obligationen von 1884), zum Kurs von 285 französischen Goldfranken.

Der Zeichnungsprospekt der Obligationen war geschickt abgefasst: Man sprach darin von einem Vorzugsbezugsrecht für Aktionäre, so als handele es sich tatsächlich um einen Vorteil. Weiterhin wurden wieder die Erfolge beim Suezkanal angeführt. Der Prospekt enthielt auch „als unparteiisch aufgemachte" Beiträge aus den Zeitschriften Journal des Débats, Figaro, Temps, Télégraphe, Moniteur Universel, Justice, etc., denen de Lesseps in all seiner Bescheidenheit das Wort überließ, um sein Werk anzupreisen. Die erneute Anleiheemission war erfolgreich und löste eine wilde Spekulation an der Börse aus.

Im gleichen Jahr zog sich das Bauunternehmen COUVREUX, HERSENT ET COMPAGNIE - das bereits zu diesem Zeitpunkt erkannt hatte, dass die Pläne im gegebenen Rahmen nicht zu erfüllen waren - unbeachtet, aber mit Gewinn, aus dem Panamakanal-Projekt zurück. Die Arbeiten wurden nun auf zwanzig größere und kleinere Bauunternehmen übertragen, die sich jedoch gegenseitig derartig behinderten, dass man sie 1885 durch sieben Großunternehmungen ersetzte, die ihrerseits wieder Aufträge an Subunternehmer vergeben durften.

Im September 1884 folgte die dritte Anleiheemission von 387.387 Obligationen (4% Obligationen von 1884). In der Hauptversammlung im Juli 1885 gab die Direktion der französischen Panamakanal-Compagnie erstmals Schwierigkeiten zu, da die Gesamtausgaben - entgegen den ursprünglichen Schätzungen von maximal 630 Millionen französischen Goldfranken - wahrscheinlich doch 1,2 Milliarden französische Goldfranken betragen würden.

Folgt man Wyse, so muss der Stand der Arbeiten im Oktober 1885 wie folgt beschrieben werden: Man hatte 16 bis 17 Millionen Kubikmeter abgetragen. Leider wurden im Kanalbett nur 12 Millionen Kubikmeter abgetragen, denn etwa fünf Millionen Kubikmeter der durchgeführten Erdarbeiten entfallen auf die Vorbereitung wahrlich fürstlicher Lager, den Bau riesiger, übertrieben luxuriöser, völlig nutzloser Pferdeställe, die Einrichtung von Ambulanzen entlang der gesamten Kanalstrecke, der Errichtung kostspieliger Krankenhäuser an beiden Streckenenden sowie das ruinöse Anlegen von Bauernhöfen und kostspielig zu betreuenden Gärten rund um die Stadt- und Landhäuser des Direktors und seines Generalstabs.

Ebenfalls abzuziehen von der Gesamtkubikmeter-Zahl sind Erdarbeiten zum Bau von Straßen, von denen mindestens drei nur dazu dienten, die Ausritte oder Kutschfahrten oft müßiger Angestellter zu ermöglichen. Ferner müssen die Erdbewegungen, verursacht durch die Trassierung der Eisenbahnabzweigung von La Boca, den Bau des Bahndamms bei Colon etc. berücksichtigt werden.

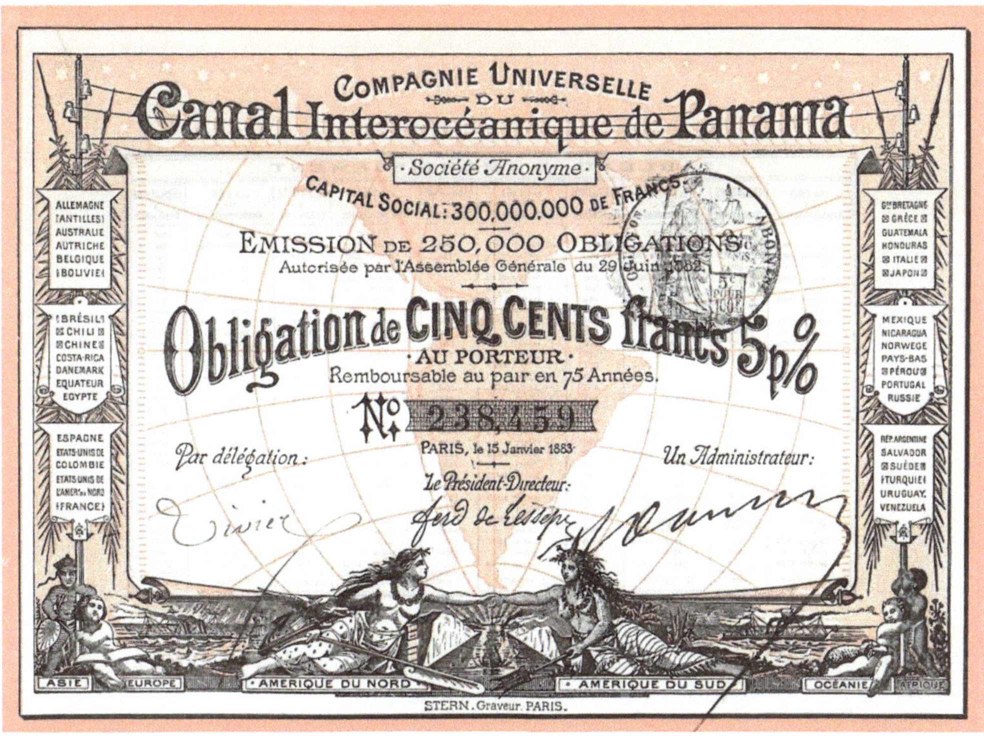

5%ige Obligation der französischen Panamakanal-Compagnie von 1883 (Ausschnitt).

Aus diesem Bericht ist auch zu entnehmen, dass 1885, das bedeutet rund fünf Jahre nach dem Beginn des Kanalprojekts, kaum ein Siebtel der geplanten Erdarbeiten durchgeführt war:

In finanzieller Hinsicht, sagt Wyse, habe die Panamakanal-Compagnie bis Ende 1885 die Hälfte ihres Aktienkapitals, das sind 150 Millionen französische Goldfranken, sowie rund 400 Millionen französische Goldfranken aus dem Anleihekapital von drei verschiedenen Obligationen vereinnahmt.

Für den restlichen Erdaushub von 88 Millionen Kubikmeter verblieben der Panamakanal-Compagnie nur noch etwas mehr als 60 Millionen französische Goldfranken an flüssigen Mitteln und zusätzlich noch zwei Viertel der aus den Teileinzahlungen der Aktien noch einzufordernden Kapitalbeträge.

Grabungsarbeiten am Panamakanal bei der Ortschaft Bas-Obispo 1883.

Verschiedene Ansichten beim Panamakanal-Projekt 1883.

Wyse weiter: „Vergleicht man das zu schaffende Werk mit den bisher erbrachten Leistungen, so brauche man noch vier Milliarden französische Goldfranken und 36 Jahre, um das Kanalprojekt zum Abschluss zu bringen". Diese sarkastische

Einschätzung, die nicht unfreundlich gemeint war, denn vor und nach 1885 war Herr Wyse der französischen Panamakanal-Compagnie immer eng verbunden geblieben, hinderte Ferdinand de Lesseps nicht daran, zu diesem Zeitpunkt zu schreiben: Da wir mit den Trockenaushubarbeiten am 1. Januar 1885 begonnen haben und mit den Nassaushubarbeiten am 1. Januar 1886 beginnen werden, könnte der Kanal nach unserer Berechnung am 1. Januar 1888 fertiggestellt sein. In der Folgezeit verschob er dann das Fertigstellungsdatum erst auf März 1889, dann auf Juli 1889 und schließlich auf Anfang 1890. Im Februar 1886 besuchte der achtzigjährige de Lesseps die Baustelle in Panama. Die Berichte auf den Hauptversammlungen und im monatlich herausgegebenen Bulletin du Canal Interocéanique ließen bis zu diesem Jahr das Geld der Anleger willig fließen.

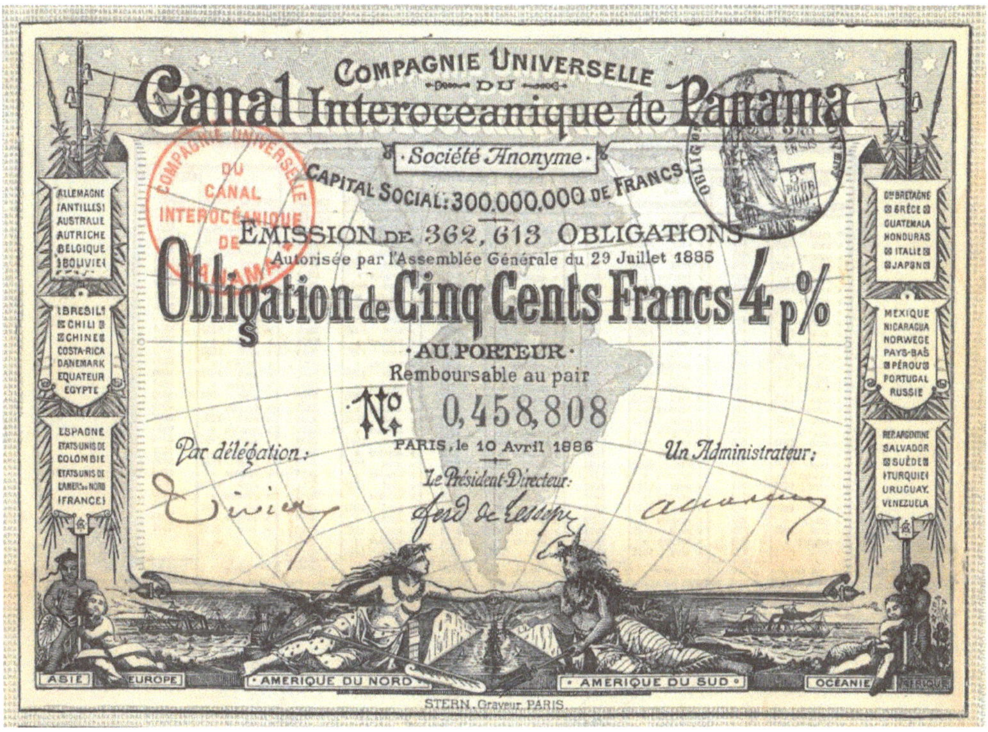

4%ige Obligation der französischen Panamakanal-Compagnie von 1886 (Ausschnitt).

Als jedoch durchsickerte, dass bis zu diesem Zeitpunkt nur ein Sechstel der Erdmassen ausgehoben waren und man bei Culebra erst 16 Meter tief gekommen war, wurden die Kapitalanleger verunsichert. An der Pariser Börse fielen die Panama-Aktien merklich - die Gesellschaft befand sich von nun an in der Krise. Von der im April 1886 aufgelegten vierten Anleiheemission (4% Obligationen von 1886) konnten statt der geplanten 362.613 Obligationen nur noch 90.000 Stück platziert werden.

Durch Verbesserung der Emissionsbedingungen auf 6% Verzinsung und Rückzahlung von 1.000 französischen Goldfranken bei Ausgabe zu 440 bis 460 französischen Goldfranken (Durchschnittsrendite von rund 11%) wurden von 1886 bis

1888 nacheinander drei Serien „Neue Obligationen" (Obligations Nouvelles) mit abnehmendem Erfolg untergebracht.

Die 9.000 Gründeranteilscheine der Panamakanal-Compagnie (Parts de Fondateur) wurden im August 1887 zu einem Kurs von 2.400 französischen Goldfranken von der Börse aufgenommen.

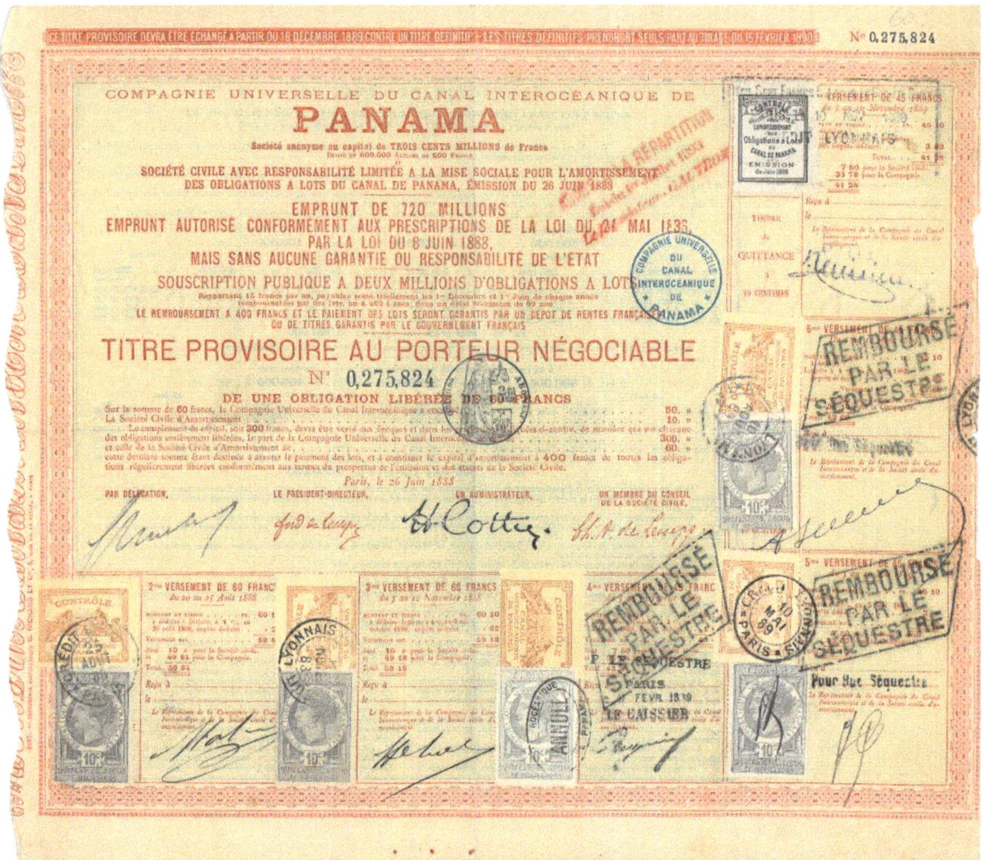

Lotterieanleihe der französischen Panamakanal-Compagnie von 1888.

Im selben Jahr musste de Lesseps unter dem Druck der zunehmend schwierigeren Finanzsituation seiner Gesellschaft die Pläne für den Niveaukanal aufgeben. De Lesseps schloss mit dem bekannten Erbauer des Eiffelturms - dem Ingenieur Gustave Eiffel (1832-1923) - einen Vertrag ab, um einen Schleusenkanal bis 1890 herzustellen. Die Kosten für den Schleusenkanal wurden auf rund 1,6 Milliarden französische Goldfranken geschätzt. Die Panamakanal-Aktien erreichten aufgrund dieser Nachrichten einen neuen Tiefstand von 282 Goldfranken.

Im März 1888 brachten mehrere Abgeordnete einen Gesetzentwurf ein, mit dem der Panamakanal-Compagnie die Durchführung einer lukrativen Lotterie-Anleihe gestattet werden sollte. Durch das Gesetz wurde die Panamakanal-Compagnie drei Monate später autorisiert, eine staatlich genehmigte Losanleihe in Höhe von 720 Millionen französischen Goldfranken aufzulegen. Davon waren

600 Millionen französische Goldfranken zur Fertigstellung des Schleusenkanals nach den Plänen Eiffels bestimmt, 120 Millionen französische Goldfranken sollten zur Gewährleistung von Zinszahlungen und Ziehungen der Lotterie in einem Garantiefonds angelegt werden.

Um der bevorstehenden Zahlungsunfähigkeit auszuweichen, wurden zur Förderung dieser Lotterie-Anleihe große Summen an Bestechungsgeldern an Presse, Bankleute und einflussreiche Politiker verteilt. Der Versuch, diese Losanleihe mit einem Volumen von 720 Millionen französischen Goldfranken unterzubringen schlug jedoch, trotz aller Anstrengungen des Grafen de Lesseps, fehl. Es konnten lediglich Losanleihen für 340 Millionen französische Goldfranken platziert werden.

6. Zusammenbruch der französischen Panamakanal-Compagnie 1889

Im Dezember 1888 konnten die Kupons der Aktien und Obligationen der Compagnie nicht mehr bedient werden. Die Gesellschaft musste ihre Zahlungen einstellen und ersuchte die Regierung vergeblich um ein dreimonatiges Zahlungsmoratorium. Im Januar 1889 war der Zusammenbruch der Gesellschaft zur Tatsache geworden. Ferdinand de Lesseps trat von der Leitung der Compagnie zurück. Am 5. Februar 1889 wurde in Paris vom Tribunal Civile de la Seine die Liquidation der französischen Panamakanal-Compagnie beschlossen.

Die offizielle Auflösung der Compagnie begann am 15. März 1889. Die Arbeiten auf der Landenge von Panama wurden vorerst eingestellt. Der gerichtlich bestellte Liquidator Joseph-Mathieu Brunet (bis 1890) bemühte sich, die geleistete Arbeit, die Gebäude und Maschinen zu erhalten, jedoch gingen in dem feuchtheißen Klima aufgrund ungenügender Schutzvorkehrungen in wenigen Jahren hohe Werte verloren. Die französische Regierung schob den Vollzug der Liquidation immer weiter hinaus, da die Übernahmeangebote verschiedener amerikanischer Gesellschaften als zu gering erschienen.

Eine Auffanggesellschaft zu gründen gelang zunächst nicht. Der Liquidator berief eine Kommission, die die Weiterführung des Kanalprojektes prüfen sollte. Da Brunet im März 1890 verstarb, wurde der endgültige Kommissionsbericht im Mai 1890 von Brunets Nachfolger im Amt, Achille Monchicourt, vorgelegt. Der Bericht riet zur Weiterführung des Schleusenkanals sowie zur Erneuerung des Vertrages mit Kolumbien. Dem von de Lesseps auf die Seite geschobenen Wyse gelang es daraufhin Ende 1890 in Bogota einen neuen bis 1904 befristeten Konzessionsvertrag mit Kolumbien auf Basis des von ihm 1878 abgeschlossenen Abkommens durchzusetzen. Später, im Juli 1900, erreichte er eine weitere Verlängerung der Baukonzession bis 1910.

Die Ursachen und Folgen des Bankrotts

Was waren die Ursachen für das Scheitern der französischen Panamakanal-Compagnie? Es lassen sich in der vorliegenden Literatur folgende wesentliche Gründe für das Scheitern des Kanalprojekts erkennen:

- **De Lesseps Persönlichkeit**
  De Lesseps war kein Ingenieur, sondern ein mit gewagten Mitteln risikoreicher Diplomatie arbeitender Organisator und Unternehmer - ein visionärer Gründer mit einem unablässig beteuerten Glauben an den Erfolg. Er besaß keine technische Ausbildung und hatte keine Erfahrung im Finanzwesen. Seit Suez besaß er „das Privileg Glauben zu finden, ohne beweisen zu müssen, was man behauptet". In vielen wichtigen Fragen folgte er dem Rat seiner sorgfältig urteilenden Fachleute nicht, er verließ sich lieber auf seinen - durch den Erfolg beim Bau des Suezkanals bewiesenen - gesunden Menschenverstand. Dies führte zu einer Vielzahl kapitalzehrender Fehleinschätzungen und zu schwerwiegenden Fehlentscheidungen wirtschaftlicher und technischer Art. Bis heute ist unklar, ob es sich bei de Lesseps um einen gekonnten Schwindler oder um eine - aufgrund seiner früheren Erfolge - der Selbsttäuschung aufgesessene Persönlichkeit handelte.

- **Kommunikation**
  Die Kommunikation der Panamakanal-Compagnie mit den Aktionären, Obligationären, der Presse und mit den Politikern war ganz auf die Person des Grafen de Lesseps zugeschnitten. Kommunikationsmittel waren: Einladungen zu Reisen nach Panama, große Empfänge und Bankette, Werbung in der Presse und in eigenen Propagandabroschüren sowie finanzielle Zuwendungen seitens verschiedener Freunde de Lesseps` an Journalisten und Politiker, die letztlich 1892 zu den Korruptionsprozessen in der Panama-Affäre führten.

- **Vorbild Suezkanal - der Niveaukanal**
  De Lesseps orientierte sich zu stark am Erfolgskonzept des von ihm erbauten Suezkanals - eines schleusenlosen Kanals im Meeresniveau. Nachdem 1886 ersichtlich wurde, dass in Panama ein Schleusenkanal schneller und kostengünstiger realisierbar wäre als ein Niveaukanal, versäumte es de Lesseps, die Weichen rechtzeitig zu stellen. Erst unter dem Druck finanzieller Schwierigkeiten (Anfang 1887) wurden von ihm eher widerwillig und zu spät die notwendigen Planungen für einen Schleusenkanal aufgenommen.

- **Kostenkalkulation**
  Ein entscheidender Fehler war die 1880 absichtlich zu niedrig angesetzte Kostenschätzung des Kanalprojekts zur Erzeugung eines günstigen Anlageklimas. Der seit 1886 erkennbar gewordene Finanzbedarf der Gesellschaft unter Berücksichtigung der notwendigen Schleusenanlagen (1,6 Milliarden französische Goldfranken) wich von dem 1879/80 geplanten Finanzierungsvolumen (630 Millionen französische Goldfranken) so erheblich ab, dass ein Scheitern der Gesellschaft unumgänglich war. Der ursprünglich 1881 von den Herren Couvreux und Hersent verkündete Kostenvoranschlag in Höhe von 512 Millionen französischen Goldfranken war in Wirklichkeit irreal. Er war reines Wunschdenken, getrieben vom Eigeninteresse beider

Herren. Weiterhin stellte sich heraus, dass die Konditionen des Vertrags mit COUVREUX, HERSENT ET COMPAGNIE nicht endgültig verpflichtend waren, denn der Vertrag konnte bis Ende 1882 jederzeit einseitig gekündigt werden. Zusätzlich sicherte der Vertrag COUVREUX, HERSENT ET COMPAGNIE als Entgelt für ihre Dienste eine Prämie von 6 Prozent auf ihre Ausgaben zu.

- **Unterkapitalisierte Unternehmen am Werk**
  Wie der Liquidator 1893 mitteilte, wurden von 1883 bis 1885 die Erdarbeiten an verschiedene kleine Unternehmen vergeben. Sein Bericht merkt zunächst an, dass die Panamakanal-Compagnie nicht über unternehmerische Persönlichkeiten bzw. Unternehmen verfügte, die zur Ausführung der Bauarbeiten mit genügend Kapitalmitteln zur Investition in die erforderlichen Arbeits- und Betriebsmittel ausgestattet waren. So hatte die Kanalgesellschaft anfangs aus ihren eigenen Reihen geeignete unternehmerische Persönlichkeiten angeworben und mit Arbeiten beauftragt. Dies hatte zur Folge, dass die beauftragten Unternehmer ohne Vorschüsse die vorbereitenden Installationen und die Bestückung der einzurichtenden Baustellen nicht leisten konnten. Man schloss deshalb nur Verträge über Erdarbeiten ab, die monatlich nach festgesetzten Einheitspreisen je Arbeitsleistung abgerechnet wurden. Die Panamakanal-Compagnie musste sich jedoch verpflichten, je nach den Anforderungen der Baustelle die Arbeitsausrüstungen und Anlagen selber zu stellen bzw. auf eigene Rechnung Gebäude, Baracken und Materiallager zu errichten, die zur Unterbringung des Baustellenpersonals oder für die Lagerung von Baumaterial benötigt wurden. Weiterhin mussten durch die Compagnie Montage- und Reparaturwerkstätten erbaut werden sowie Zugangswege, um die entsprechenden Arbeitsmaterialien an die Baustelle transportieren zu können. Man merkte bald, dass sich die Panamakanal-Compagnie durch diese Art und Weise der Baudurchführung ein unbegrenztes Kostenrisiko einhandelte und, dass damit die Fertigstellung des Kanals innerhalb des geplanten Zeitraums nicht durchführbar sein würde. Eine Überwachung und Koordination der Erdarbeiten und des Transports der Erdmassen auf der Landenge von Panama war bei dieser chaotischen Arbeitsorganisation im Grunde genommen gar nicht gegeben. Kontrollen beschränkten sich lediglich auf das überschlägige Zählen der mit Erde beladenen Förderwagen. Das Chaos war überall, die Compagnie lief in „ein unkontrolliertes Ausgabenrisiko". Erst 1885 begann man durch den Einsatz von wenigen Generalunternehmen die Arbeitsorganisation an der Kanalbaustelle effizienter und kostengünstiger zu gestalten.

- **Finanzierung als Privatunternehmen im In- und Ausland**
  Weder das französische Großkapital, noch irgendein Staat, noch irgendwelche finanzkräftigen ausländischen Partner waren bereit bzw. in der Lage, das notwendige Beteiligungskapital für das Kanalprojekt zur Verfügung zu stellen. Dies veranlasste de Lesseps die Aktien, Genussscheine, Obligationen und Lotterieanleihen der Panamakanal-Compagnie möglichst weit zu streu-

en, breiter als jemals eine andere Privatemission zuvor. De Lesseps` Erfolg von Suez und sein Charisma riss jedoch nur Massen von französischen Kleinanlegern (Rentner, Angestellte, Handwerker usw.) mit, deren finanzielle Möglichkeiten allerdings eher beschränkt waren. Der Bau des Kanals überstieg - wie spätestens 1887 erkennbar wurde - die Kräfte eines derartig unterfinanzierten Privatunternehmens.

- **Politik**
  Die Vereinigten Staaten von Amerika standen dem französischen Panamakanal-Projekt aus politisch-militärischen Gründen - wie einst die Engländer dem Suezkanal-Projekt - reserviert gegenüber. Eine Beteiligung von Kapitalanlegern aus den Vereinigten Staaten von Amerika erfolgte trotz verschiedener Anstrengungen de Lesseps` nicht.

- **Geologie/Geographie**
  Geologische Untersuchungen und geographische Vermessungen des Kanalgeländes wurden nur unzureichend vorgenommen. Bodenproben wurden nicht in genügendem Umfang durchgeführt.

- **Erdaushub**
  Die auszuhebenden Erdmassen für einen Niveaukanal sowie die dafür benötigte Zeit wurden erheblich unterschätzt. 1879 wurden ursprünglich 45 Millionen Kubikmeter, 1880 bis 1882 75 Millionen Kubikmeter Erdaushub geschätzt. Bis 1883 wurde die Erkenntnis verheimlicht, dass nach den gewonnenen Erfahrungen seitens der Herren Couvreux und Hersent die Gesamtmenge abzutragender Erde in Wirklichkeit mindestens 120 Millionen Kubikmeter betragen würde. Insbesondere der lange und tiefe Durchstich der kontinentalen Wasserscheide Panamas am Culebra-Massiv (genannt: Culebra Cut, auch Gaillard Cut) artete zu einer zeitraubenden und teuren Sisyphusarbeit aus. Nach dem Scheitern der Panamakanal-Compagnie wurde festgestellt, dass durch die Franzosen von 1882 bis 1888 faktisch nur 55 Millionen Kubikmeter ausgehoben wurden. Die Amerikaner hoben von 1904 bis 1914 zusätzlich nochmals 259 Millionen Kubikmeter Erdreich aus. Auch wenn man bei solch einem Großprojekt immer von einer gewissen Differenz zwischen Planung und Realität ausgehen muss, ist diese fünffache Abweichung so schwerwiegend, dass man sagen kann, dass das Kanalprojekt beim Erdaushub ohne ausreichende Voruntersuchungen bzw. halbwegs realistischen Abschätzungen des auszuhebenden Erdreichs und des dafür benötigten Zeitrahmens begonnen wurde.

- **Klima/ Bodenbeschaffenheit**
  Die klimatischen Bedingungen sowie die klimabedingte Bodenbeschaffenheit (Versumpfung, Durchwässerung) in Panama wurden falsch eingeschätzt. Bei einsetzenden Regenstürmen während der siebenmonatigen Regenzeit erfolgten auf der Baustelle riesige Erdrutsche (insbesondere am

Durchstich bei Culebra) sowie Überschwemmungen durch die Wassermassen des Flusses Chagres.

- **Technische Ausrüstung**
  Die Heterogenität und die verwirrende Vielfalt des eingesetzten technischen Materials (zum Beispiel verschiedene Größen und Spurweiten des Eisenbahnmaterials) sowie mangelnde Tropentauglichkeit bestimmter Geräte und Maschinen führten zu kostenzehrenden Betriebsstörungen und Engpässen.

- **Spezialisten**
  Die fehlende Tropenerfahrung der in Panama eingesetzten französischen Ingenieure sowie das Fehlen von Eisenbahnfachleuten zur Organisation des Abtransportes der ausgehobenen Erdmassen verzögerten die geplanten Arbeiten erheblich.

- **Medizin/ Hygiene/ Unfälle**
  Medizinische und hygienische Probleme (unter anderem Gelbfieber, Cholera, Malaria, Pocken, Ruhr, Lungenentzündung, Lebensmittelvergiftungen) beeinträchtigten den effizienten Einsatz der Arbeitskräfte. Insgesamt starben 22.000 Arbeiter von 1881 bis 1888 an Epidemien und Unfällen.

- **Panama-Eisenbahn**
  Der Wert der Konzession des Türr- Syndikats für den Panamakanal war zweifelhaft, da das Verkehrsmonopol auf den Isthmus bereits an die amerikanische Panama-Eisenbahn vergeben war. Die Einigung über die Verkehrsrechte erfolgte notgedrungen durch den überteuerten Erwerb der Panama-Eisenbahn (1881 für 20 Millionen US-Dollar).

- **Emissionskosten/ Administration**
  Die hohen Kosten der Emissionen (Gebühren, Provisionen, Werbung, garantierte Dividenden, laufender Zinsendienst) und der Administration führten dazu, dass nur 960 Millionen französische Goldfranken der insgesamt gezeichneten 1,768 Milliarden französischen Goldfranken in Panama produktiv investiert wurden. Zusätzlich wurden über 23 Millionen französische Goldfranken ohne Nachweis als Bestechungsgelder an Journalisten, Bankiers und Politiker bezahlt. Hierbei ist festzustellen, dass sowohl die an die Aktionäre auszuschüttenden Dividenden als auch die an die Obligationäre zu zahlenden Zinsen immer aus dem Eigenkapital der Gesellschaft bzw. aus dem Erlös der später ausgegebenen Obligationen geleistet wurden.

- **Staatliche Überwachung**
  Das Privatunternehmen erhielt vom französischen Staat nur mangelnde Unterstützung und Überwachung.

Zusammengefasst lässt sich erkennen, dass der geplante Panamakanal nur einen Vorteil gegenüber dem Suezkanal besaß: die Länge des Kanals. Alle anderen Faktoren wie Kostenkalkulation, Finanzierung, Klima, Bodenbeschaffenheit, Erdaushub, Transport, Hygiene usw. waren in Panama wesentlich schwieriger zu bewältigen. Das ganze Unternehmen in Panama hatte Frankreich den seinerzeit beträchtlichen Betrag von rund 1,768 Milliarden französischen Goldfranken gekostet, etwa 800.000 Franzosen, darunter 15.000 alleinstehende Frauen, hatten Aktien, Obligationen, Losanleihen und Genussscheine der französischen Panamakanal-Compagnie gezeichnet.

Diese vielen Probleme wurden - teilweise absichtlich - unterschätzt. De Lesseps` starke Orientierung am Suezkanal führte zu einer Vielzahl kapitalzehrender Fehlentwicklungen, zur verspäteten strategischen Entscheidung für einen „Schleusenkanal" und zu kostspieligen, taktischen Fehlentscheidungen finanzieller und technischer Art. Eine Zuführung zusätzlichen Kapitals war ab 1888 bei der gegebenen Finanzierungsform mit Privatkapital und ohne staatliche Unterstützung nicht mehr möglich - somit war auch der Bankrott unausweichlich.

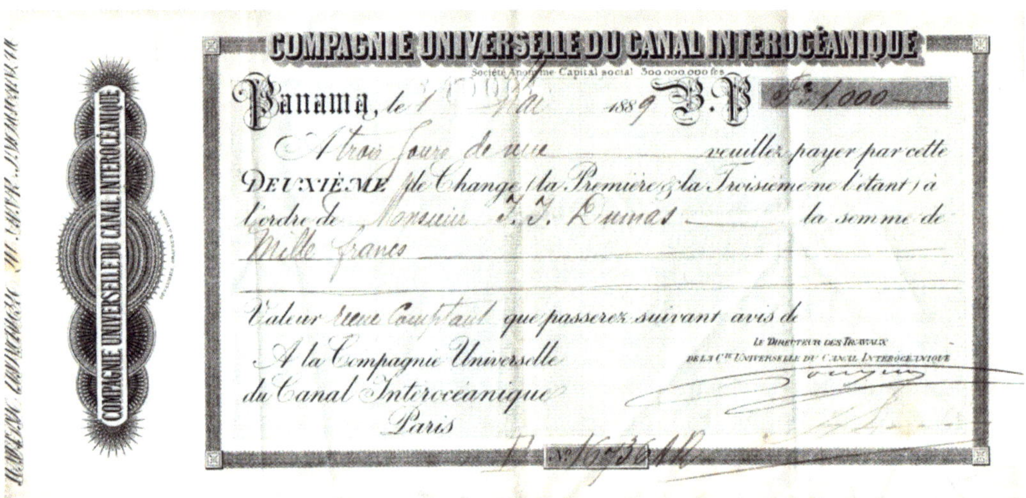

Compagnie Universelle du Canal Interocéanique de Panama, Sichtwechsel (Deuxième de Change) über 1.000 französische Goldfranken, ausgestellt vom Liquidator der Compagnie auf Monsieur J. J. Dumas in Paris am 1. Mai 1889. Der Wechsel war bei Vorlage fällig.

Der Bankrott in Zahlen

Im Jahr 1893 ergab sich auch ein abschließendes Bild des Bankrotts der französischen Panamakanal-Compagnie. Die finanzielle Situation der Compagnie - abgeleitet von den einzelnen Wertpapier-Emissionen - ist im folgenden Überblick ersichtlich:

Bezeichnung und Emissionsdatum	Rendite in %	Realisierter (bzw. geplanter) Emissionsbetrag in Mio. Goldfranken	Zugeflossenes Kapital in Mio. Goldfranken	Anzahl ausgegebener Wertschriften in Stück
Aktien 9.12.1880 (teileingezahlt)	5	295 (295)	295	590.000
Aktien 9.12.1880 (volleingezahlt)	5	5 (5)	5	10.000
5% Obligationen 1883, 7.9.1882	5,9	125 (125)	109	250.000
3% Obligationen 1884, 3.10.1883	6,7	300 (300)	171	600.000
4% Obligationen 1884, 25.9.1884	6,9	194 (194)	129	387.387
4% Obligationen 1886, 10.4.1886	6,9	45 (181)	30	90.000
6 % Neue Obligationen 1886, 1. Serie, 3.8.1886	11,2	229 (229)	206	458.802
Gründeranteilscheine (Parts de Fondateur), 1887	-	21 (21)	21	9.000
6% Neue Obligationen 1887, 2. Serie, 15.9.1887	11,1	129 (250)	114	258.887
6% Neue Obligationen 1888, 3. Serie, 17.3.1888	8,91	45 (175)	35	89.802
4% Lotterieanleihen (Obligations à lots) 1888, 6.6.1888	-	341 (720)	101	851.500
Lotteriescheine (Bons à lots) 1889-1892	-	39 (39)	17	371.602
Gesamt:		**1768 (2534)**	**1233**	**3.956.980**

Der Panamakanal-Compagnie erlöste mit ihren Wertpapier-Emissionen 1,768 Milliarden französische Goldfranken, davon sind ihr 1,233 Milliarden zugeflossen, von denen 960 Millionen französische Goldfranken in Panama produktiv investiert wurden. Fast vier Millionen Wertschriften wurden ausgegeben. Der Kurs der Panamakanal-Aktie war in den Jahren von 1881 bis 1892 von ursprünglich 533 französischen Goldfranken auf 14 französische Goldfranken gefallen.

7. Pläne zur Rettung des Panamakanals 1890/1892

Nach dem 1889 erfolgten Bankrott der französischen Panamakanal-Compagnie mangelte es nicht an wohlgemeinten, zum Teil auch utopischen oder obskuren Rettungsplänen. Der Liquidator der französischen Panamakanal-Compagnie in Liquidation veröffentlichte 1890 in einem zusammenfassenden Bericht die ihm bis dahin vorliegenden 14 Vorschläge für einen Weiterbau des Kanals. Grundsätzlich wurden vier alternative Vorgehensweisen vorgeschlagen:

- Weiterbau eines provisorischen Schleusenkanals, ohne Beachtung der weiteren Flussverläufe im Kanalgelände (2 Vorschläge).

- Weiterbau des Kanals unter Berücksichtigung aller Flussverläufe im Kanalgelände, unter anderem durch den Bau von Dämmen, Wehren und Stauseen (7 Vorschläge).
- Streckenweiser Transport von Schiffen auf der Kanaltrasse mit Hilfe einer Schiffseisenbahn (4 Vorschläge).
- Überwindung des Culebra-Einschnitts durch einen Tunnel (1 Vorschlag).

Besonders interessant sind in diesem Zusammenhang die folgenden Vorschläge und Pläne der französischen Ingenieure Sautereau und Sébillot.

Der Plan des Ingenieurs Gustave Sautereau

Bereits im Dezember 1888 wurde dem Verwaltungsrat der illiquiden Panamakanal-Compagnie der Plan für einen Schleusenkanal des französischen Ingenieurs Gustave Sautereau vorgelegt, ein Plan, den Lesseps allerdings zu diesem Zeitpunkt nur noch als Notbehelf ansah. Gustave Sautereau, ein alter Weggefährte von Lesseps aus den Glanzzeiten des Suezkanals, hatte bei seinen Plänen für einen Schleusenkanal in Panama die bemerkenswerte Abänderung vorgeschlagen, durch Aufstauung des Rio Chagres und des Rio Grande einen großen Binnensee anzulegen, der über zwei riesige Schleusenanlagen mit dem Atlantik bzw. Pazifik verbunden wird.

Sautereau hatte mit solchen Plänen profunde Erfahrungen. Bereits 1876 hatte er zusammen mit dem Ingenieur James Pouchet in einem ähnlichen Projekt versucht, einen Schleusenkanal durch Einbeziehung des Nikaraguasees zu verwirklichen. Eine Gesellschaft namens CANAL MARITIME INTEROCÉANIQUE DU NICARAGUA, sollte seinerzeit zum Erwerb einer Kanalkonzession von Nikaragua gegründet werden. Die Pläne zerschlugen sich jedoch 1879 mit dem Beginn der Lesseps`schen Kanalaktivitäten in Panama.

Der endgültige Zusammenbruch der französischen Panamakanal-Compagnie im Februar 1889 ließ vorerst alle interozeanischen Schleusenkanalpläne der Kanalgesellschaft zu Makulatur werden. Aber Sautereau gab nicht auf, da der Bankrott der Panamakanal-Compagnie bewirkte, dass seine Pläne plötzlich hochaktuell waren. Er stellte vielmehr der erstaunten Öffentlichkeit sein „neues" Projekt vor: Der Panamakanal als Binnensee. Die Pläne hierzu hatte er 1889 in einer vielversprechenden Broschüre verfasst unter dem Titel „Le Canal de Panama transformé en lac intérieur". Sautereau schlug - auf Basis der bestehenden Arbeiten auf der Landenge von Panama - folgende Vorgehensweise vor:

- Herstellung eines großen von Seeschiffen befahrbaren Binnensees in 32 Meter Meereshöhe zwischen Bohio und Obispo durch die Aufstauung des Rio Chagres sowie eines zweiten Sees auf der Pazifischen Seite durch die Aufstauung des Rio Grande.
- Einrichtung je einer Riesenschleuse von 28 Meter Gefälle auf der Atlantikseite bei Colon (Kilometer 24) und auf der Pazifikseite bei Panama (Kilometer 59). Die Schleusen sollten nach dem 1888 erteilten Patent „Système écluses à grande dénivellation" der Herren Ingenieure Pouchet und Sautereau gebaut werden.
- Kostenschätzung: 400 Millionen französische Goldfranken, Zeitplan: Fertigstellung in zwei Jahren.

Die Schutzgemeinschaft der Inhaber von Aktien und Obligationen der illiquiden Panamakanal-Compagnie begrüßte unisono die Kanalpläne Sautereau's. Zur Umsetzung seiner Pläne gründete Sautereau zusammen mit dem Marineoffizier Gustave Salêta im März 1889 in Paris die SOCIÉTÉ INTERNATIONALE D` ÉTUDES DU CANAL INTEROCÉANIQUE DE PANAMA.

Atlantische Seite: Panoramablick auf die große Schleuse Christophe Colomb.

Die Gesellschaft wurde in der Rechtsform der privaten „Société en Participation" gegründet und zunächst von Sautereau selbst finanziert. 20.000 Genussscheine wurden begeben und eine „gewisse Anzahl dieser Scheine" zu 300 französischen Goldfranken je Stück platziert, so besagte es der Emissionsprospekt.

Die Gesellschaft hatte die Aufgabe, ein Forschungsprojekt zu betreiben mit dem Ziel der Weiterführung der Arbeiten am Panamakanal. Sie gab die Propagandazeitschrift „L'Avenir du Canal" heraus. Bei Erfolg des Projektes sollte die Gesellschaft nach der Forschungsphase zur Umsetzung des Kanalprojekts in die SOCIÉTÉ GÉNÉRALE D` ÉTUDES ET D` ENTREPRISE DE TRAVAUX PUBLICS umgewandelt werden. Für den Fall der Umwandlung wurde im Zeichnungsprospekt ein drei- bis vierfacher Wertzuwachs der Genussscheine in Aussicht gestellt. Sautereau bot seine Pläne und Dienste verschiedenen Finanziers, und im Juni 1889 auch dem Liquidator der bankrotten Panamakanal-Compagnie, Herrn Brunet, an.

Leider blieben Sautereau's Pläne ohne greifbaren Erfolg, denn schon 1892 wurde in Paris die neue SOCIÉTÉ D` ÉTUDES ET DE PUBLICATIONS POUR FAVORISER L` ACHÈVEMENT DU CANAL DE PANAMA lanciert, um die Sautereau-Gesellschaft aufzufangen. Die neue Gesellschaft begab 30.000 Genussscheine ohne Nennwert (Parts Bénéficiaires). Sie wurde ebenfalls in der Rechtsform der „Société en Participation" als Wertpapier-Schutzgemeinschaft, mit dem Ziel der Weiterführung der Arbeiten und Pläne Sautereau's am Panamakanal, gegründet. Finanzier dieser Gesellschaft war ein gewisser Herr de Chonski. Rund 10.000 der Genussscheine wurden zur Abfindung der Genussschein-Inhaber der Sautereau-Gesellschaft von 1889 verwendet.

Letzte Spuren dieser beiden Gesellschaften finden sich 1901. Sautereau verklagte in diesem Jahr die vom Liquidator der alten Panamakanal-Compagnie (1894 gegründete) Auffanggesellschaft COMPAGNIE NOUVELLE DU CANAL DE PANAMA, sie habe sich seine Schleusenkanalpläne unerlaubterweise angeeignet. Er verlor 1902 diesen Prozess, da das Gericht eine geschäftliche Verbindung zwischen Sautereau und seinen beiden Gesellschaften und der COMPAGNIE NOUVELLE nicht als erwiesen ansah. Danach verlieren sich alle Spuren von Sautereau und seinen Gesellschaften. Posthum kann festgestellt werden, dass die Amerikaner beim Bau des Panamakanals tatsächlich einen Teil seiner Vorschläge umgesetzt haben, nämlich die Stauung des Chagres-Flusses und die Schaffung des Gatunsees.

Die Pläne des Ingenieurs Amédée Sébillot

Besonders spektakulär war der Plan für eine Schiffseisenbahn des französischen Ingenieurs Amédée Sébillot. Sébillot hatte mit solchen Plänen profunde Erfahrungen, da er im Jahr 1869 eine Studie für eine Schiffseisenbahn über den Isthmus von Panama durchgeführt hatte. Bereits 1873 hatte Sébillot in Paris die Gesellschaft CHEMIN DE FER INTEROCÉANIQUE DE PANAMA POUR LE TRANSPORT DES NAVIRES À TRAVERS L`ISTHME (SYSTÈME SÉBILLOT) gegründet. Zweck der privaten Gesellschaft war der Bau einer Schiffseisenbahn über die Landenge von Panama. Gründer der Gesellschaft waren die Herren Sébillot, Kieffer und Hougron. Die Gesellschaft begab seinerzeit Anteilscheine (Certificats de Participation). Das Projekt kam in den Folgejahren nicht aus der Gründungsphase heraus.

Die Idee einer Schiffseisenbahn war zu dieser Zeit hochaktuell. Derartige Projekte waren beispielsweise 1872 in Honduras und später im mexikanischen Tehuantepec in der Planung: Hier machte der amerikanische Ingenieur James B. Eads 1880 den spektakulären Vorschlag, eine 215 Kilometer lange Schiffseisenbahn über den Bergrücken von Tehuantepec in Mexiko zu bauen. Statt einen Kanal zu bauen, sollten die Schiffe auf Eisenbahnen verladen werden, um die andere Meeresseite zu erreichen. Eads Plan sollte 1887 scheitern.

Nach dem Bankrott der französischen Panamakanal-Gesellschaft 1889 wiederbelebte Sébillot sein früheres Projekt genannt „Système Amédée Sébillot", indem er in seiner am 15. Februar 1890 in Paris herausgegebenen Broschüre „Les Chemins de fer à navires de Panama avec Achèvement ultérieur du Canal à niveau. Projet Amédée Sébillot" eine Schiffseisenbahn für die Panama-Route vorschlug.

Die geplante Schiffseisenbahn für die Meerenge von Panama.

Die Fertigstellung des Panamakanals sollte durch den zusätzlichen Bau einer Schiffseisenbahn erreicht werden. Die Pläne sind in dieser Broschüre relativ detailliert dokumentiert. Sébillot plante - auf Basis der bestehenden Arbeiten und der Situation auf der Landenge von Panama - das folgende „Projekt Amédée Sébillot":

- Fertigstellung der Arbeiten am Niveaukanal in Panama.
- Schiffe sollten in der Mitte des Kanals mit einer Schiffseisenbahn über die Höhe von Culebra gezogen werden auf einer Strecke von Matachin (Kilometer 41) bis Pedro Miguel (Kilometer 60,5), insgesamt also auf einer Strecke von 19,5 Kilometer).

- Kalkulation des Erdaushubs, der Kosten für die Fertigstellung des Niveaukanals sowie für den Betrieb, die Betriebserlöse. Schätzung des Zeitbedarfs. Vergleich mit den alternativen Kosten für einen Schleusenkanal.
- Geschätzte Gesamtausgaben (Finanzbedarf) von 250 Millionen französischen Goldfranken,
- Dauer der Arbeiten: 3 Jahre.

Zur Finanzierung des Projektes gründete Sébillot am 11. Februar 1890 in Paris die private Gesellschaft SOCIÉTÉ FRANÇAISE DES CHEMINS DE FER À NAVIRES zur Durchführung von Studien zur Erlangung einer Konzession zum Weiterbau des Panamakanals und die Integration einer Schiffseisenbahn über den Isthmus von Panama nach dem 1887 bzw. 1890 in Frankreich patentierten „Système Amédée Sébillot".

Von 1890 bis 1894 bot Sébillot dem Liquidator der bankrotten Panamakanal-Compagnie, Herrn Brunet, nicht nur seinen Plan der Schiffseisenbahn „Projekt Amédée Sébillot", sondern auch den Plan der Gesellschaft SOCIÉTÉ DES VOIES FERRÉES GLISSANTES SYSTÈME GIRARD an. Diese seinerzeit vom französischen Wasserbauingenieur Louis-Dominique Girard (1815-1871) gegründete Gesellschaft verfolgte das Ziel einer Wassergleiteisenbahn (Le chemin de fer glissant sur "coussin d'eau" système Girard). Die räderlose Eisenbahn sollte auf einem dünnen Wasserkissen gleiten und durch Wasserkraft turbinenartig angetrieben werden. Durch die Reduzierung der Reibungskräfte sollte die Bahn gegenüber herkömmlichen Eisenbahnen eine höhere Geschwindigkeit erreichen, größere Steigungen bewältigen können und wirtschaftlicher zu betreiben sein. Die Bahn war eine Erfindung Girards von 1854. Erste Versuche dazu machte er um 1865, 1871 verstarb er. Seine Idee, mit der er heutige Luftkissenfahrzeuge vorwegnahm, überlebte ihn jedoch. Im Rahmen der Weltausstellung in Paris wurde 1889 sogar eine funktionsfähige Versuchslinie der Wassergleiteisenbahn durch seinen früheren Mitarbeiter, Herrn Barre, der Öffentlichkeit vorgestellt. Nach 1894 verwischen sich auch hier die Spuren der Vorschläge von Sébillot und Sautereau.

8. Die Panama-Affäre 1892/93

Der Niedergang der französischen Panamakanal-Compagnie stürzte nicht nur Hunderttausende von Kleinsparern in die Krise, sondern Frankreichs ganze politische Klasse. Denn drei Jahre nach dem Zusammenbruch der Panamakanal-Compagnie erschütterte 1892 der größte Korruptionsskandal des 19. Jahrhunderts - die Panama-Affäre - die Dritte Französische Republik. Die Kanalgesellschaft hatte 1888 kurz vor ihrem Bankrott versucht, ihre Finanzlage mithilfe einer Lotterieanleihe über 720 Millionen französischen Goldfranken zu verbessern. Die gesetzliche Genehmigung vom 8. Juli 1888 für diese Anleihe wurde u.a. von de Lesseps` Teilhabern Cornélius Herz und Baron Jacques de Reinach durch Bestechung zahlreicher Politiker und Journalisten begünstigt. Der jammervolle Skandal wurde im September 1892 durch verschiedene Artikel in der Zeitung „La

Libre Parole" ausgelöst. Die antisemitische Postille, die offenbar eine zuverlässige Quelle hatte, enthüllte, dass 1888 vor der Abstimmung über das Lotteriegesetz etliche Parlamentarier und Journalisten von der Panamakanal-Compagnie bestochen worden waren. Baron Jaques de Reinach, Finanzagent der Kanalgesellschaft, gab zu, dass er über drei Millionen französische Goldfranken verschiedenen Zeitungen habe zukommen lassen. Als die Polizei ihn verhaften wollte, fand man ihn tot in seiner Wohnung. Vermutlich hatte er sich das Leben genommen. In der Folge beschuldigten die französischen Nationalisten 1892/93 eine große Zahl von Abgeordneten, dass sie sich von Lesseps zur Genehmigung der Lotterieanleihe hätten bestechen lassen.

Karikatur zur Panama-Pleite aus L'Assiette au Beurre 1902: Die Franzosen haben in ihren Portemonnaies nach Geld gegraben... würden Sie jetzt bitte den Kanal ausgraben?!

Die Regierung unter Ministerpräsident Émile Loubet trat aufgrund der Affäre am 28. November 1892 zurück. Die nachfolgende Regierung (Ribot I unter Alexandre Ribot) trat am 10. Januar 1893 zurück und die Regierung Ribot II am 30. März 1893. Auch der spätere Ministerpräsident Georges Clemenceau war in den Skandal verwickelt. Er war damals Abgeordneter des Departements VAR in der Nationalversammlung und verlor nach einer Hetzkampagne diverser Zeitungen gegen ihn bei der Stichwahl am 3. September 1893 gegen einen Kandidaten, der von Linken und Rechten unterstützt wurde. Am Panamaskandal waren auch einige jüdische Finanziers (Cornélius Herz, Jacques de Reinach, Émile Arton, Louis Andrieux) beteiligt, was dem Antisemitismus in Frankreich weiteren Vorschub leistete. Gegen Ferdinand de Lesseps und seinen Sohn Charles kam es daher 1892 zum Korruptionsprozess. Gleichzeitig waren 510 Parlamentsmitglieder - unter ihnen sechs Minister - der Bestechung durch die Panamakanal-Compagnie im Zusammenhang mit den Vorgängen um die Genehmigung der Lotterieanleihe von 1888 beschuldigt. Auch an Presse, Banken und Private waren hohe Bestechungssummen gezahlt worden.

Ferdinand de Lesseps und sein Sohn Charles sowie weitere Mitarbeiter der Compagnie wie Fontane, Cotta und Gustave Eiffel wurden im Bankrottprozess am 9. Februar 1893 wegen Betrugs und Missbrauchs anvertrauter Mittel zu hohen Gefängnisstrafen verurteilt. Im Bestechungsprozess erhielten die beiden Lesseps sowie der ehemalige Bauminister Bethaut fünf Jahre Gefängnis; Eiffel wurde zu zwei Jahren Gefängnis verurteilt. Ein Kassationsgericht hob die Urteile allerdings kurze Zeit später wegen Verjährung der Strafschuld wieder auf. Am 7. Dezember 1894 verstarb Ferdinand de Lesseps mit 89 Jahren in geistiger Umnachtung. Die weiteren Untersuchungen zur Panama-Affäre wurden 1894 eingestellt, 1897 wieder aufgenommen, alle Angeklagten jedoch freigesprochen.

9. Neue Panamakanal-Compagnie 1894

Im Jahre 1894 gelang es der in Liquidation befindlichen französischen Panamakanal-Compagnie, als Auffanggesellschaft die COMPAGNIE NOUVELLE DU CANAL DE PANAMA zu bilden. Die „Neue Panamakanal-Gesellschaft" begann ihre Tätigkeit mit einem Kapital von 65 Millionen französischen Goldfranken. Dieses Kapital hatte man aufgebracht, indem man diejenigen, die sich an der bankrotten Gesellschaft bereichert hatten, zur Finanzierung der neuen Gesellschaft heranzog und dafür das Rechtsverfahren gegen sie einstellte. Der Liquidator der alten Gesellschaft übereignete der COMPAGNIE NOUVELLE die Bau- und Betriebskonzession, die Kanalstrecke, die Anteile an der Panama-Eisenbahn, die Maschinen und Gebäude sowie drei Dampfer. Gesellschaftszweck waren die Erhaltung des Vorhandenen, die Aufrechterhaltung der Verträge mit Kolumbien und die möglichst günstige Liquidierung des Vermögens der alten Kanalgesellschaft. Die Subskription der Aktien erfolgte ab dem 22. September 1894. Die Aktien wurden bei Emission zunächst mit zweimal 25 französischen Goldfranken teileingezahlt (1. und 2. Einzahlung), später erfolgte die Restzahlung.

Die Vollendung des Kanals musste bei der Geringfügigkeit der finanziellen Mittel zurücktreten. Die Aktionäre und Obligationäre der alten Kanalgesellschaft sollten 60% des eventuellen Reingewinns der neuen Gesellschaft erhalten. Die COMPAGNIE NOUVELLE war die Fortsetzung der alten Panamakanal-Compagnie, deren endgütige Liquidation bis 1894 noch nicht stattgefunden hatte.

Im Oktober 1894 wurden von der COMPAGNIE NOUVELLE die Arbeiten am Kanal wieder aufgenommen. Anfang 1895 waren wieder 500 Arbeiter am Kanal beschäftigt, 1898 waren es 3.400 Arbeiter. Über die Arbeiten erschienen nun zuverlässige Berichte. Von 1895 bis 1898 wurden noch 2,9 Millionen Kubikmeter Erdreich ausgehoben.

Auf der Pariser Weltausstellung von 1900 (Exposition Universelle de 1900), die vom 15. April 1900 bis zum 12. November 1900 stattfand und über 48 Millionen Besucher anzog, war auch die COMPAGNIE NOUVELLE DU CANAL DE PANAMA vertreten. Die Gesellschaft zeigte im Palais „du Génie Civil et des Moyens de Transport" anhand einer Fotodokumentation und eines Berichts den Stand der Ausschachtungsarbeiten auf der Landenge von Panama. Man suchte offensichtlich nach kapitalkräftigen Investoren. Besucher erhielten eine informative Handbroschüre.

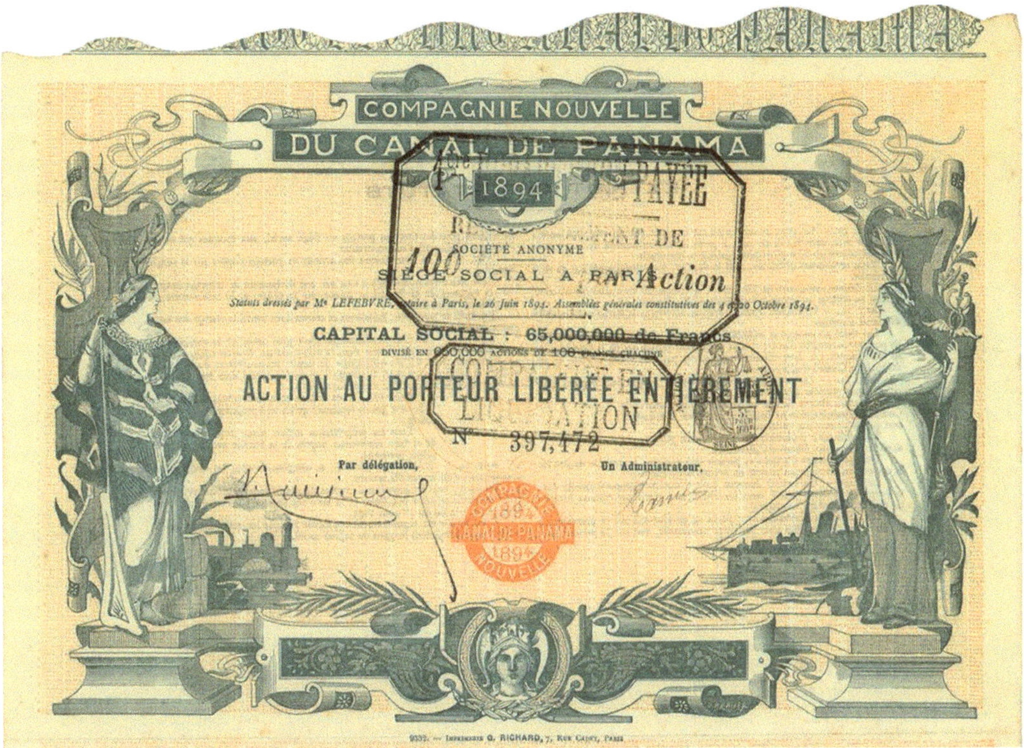

Aktie der Neuen Panamakanal-Compagnie von 1894.

Im Jahr 1900 erreichte die Auffanggesellschaft die Verlängerung der Baukonzession von Kolumbien um weitere sechs Jahre, also bis zum 31. Oktober 1910, den man als Termin der Kanalfertigstellung annahm. Dazu reichte allerdings das vorhandene Kapital der Gesellschaft nicht aus.

Eine Erhöhung des Gesellschaftskapitals war nicht möglich, da das Misstrauen der Anleger nach den vorangegangenen Ereignissen zu groß war. Doch daran, dass ein interozeanischer Kanal für die Vereinigten Staaten von Amerika notwendig sei, gab es keinen Zweifel mehr. Denn die Amerikaner begriffen nun auch die militärische und strategische Bedeutung eines solchen Kanals: Als 1898 im Spanisch-Amerikanischen Krieg um Kuba der Kreuzer Oregon aus dem Pazifik nach Havanna beordert wurde, brauchte er für die Fahrt über Kap Hoorn 90 Tage.

COMPAGNIE NOUVELLE DU CANAL DE PANAMA

SIÈGE SOCIAL — 7, Rue Louis-le-Grand, 7 — PARIS

Notice succincte concernant l'Exposition présentée par la Compagnie

PALAIS DU GÉNIE CIVIL ET DES MOYENS DE TRANSPORT

GROUPE VI — CLASSE 28

Pariser Weltausstellung 1900: Handbroschüre der Compagnie Nouvelle vom April 1900.

Ausschachtungsarbeiten der Compagnie Nouvelle am Culebra-Cut im Juli 1899.

Für einen Kauf der COMPAGNIE NOUVELLE kamen nur die Vereinigten Staaten in Frage. Für einen solchen Kauf bedurfte es jedoch der Zustimmung Englands, denn noch bestand der Clayton-Bulwer-Vertrag vom Jahre 1850, indem die Neutralität eines künftigen Isthmus-Kanals abgesichert war. Vertreter der COMPAGNIE

NOUVELLE in den Vereinigten Staaten waren der frühere französische Weggefährte de Lesseps`, der einstige Chefingenieur Philippe Bunau-Varilla und, mit ihm spinnefeind, William Nelson Cromwell, ein berühmter New Yorker Anwalt. Cromwell war auch der Verwaltungschef der Panama-Eisenbahn.

In Washington sah man ein, dass die Kosten eines interozeanischen Kanals auf jeden Fall geringer sein würden, als der Unterhalt von zwei gleich starken Flotten, eine für jeden Ozean. Die Frage war nur, wo man bauen sollte. Die Mehrheit im amerikanischen Senat neigte dazu, eine Trasse durch nikaraguanisches Gebiet zu wählen, wie es schon Humboldt vorgeschlagen hatte. Später, im Jahr 1902, brach auf der Insel Martinique der Vulkan Mont Pelé aus. Rund 40.000 Menschen verloren ihr Leben; und weil es verdächtig rumorende Vulkane auch in Nikaragua gab, tendierte man doch wieder zu der kürzeren, aber schwierigeren Kanalstrecke über die kaum mehr als 80 Kilometer breite Landenge von Panama.

Die deshalb unter Führung des amerikanischen Generals Walker 1899 entsandte Kommission zur Prüfung der interozeanischen Kanalprojekte (U.S. Isthmian Canal Commission of 1899-1902) wies auf die bereits vorliegenden, bedeutenden Arbeiten auf der Landenge von Panama hin, doch forderte die COMPAGNIE NOUVELLE in den Verkaufsverhandlungen einen zu hohen Kaufpreis, nämlich 109 Millionen US-Dollar.

Ende 1899 hatte sich in New Jersey eine Privatgesellschaft zum Zwecke des Kanalbaus gebildet, die PANAMA CANAL COMPANY OF AMERICA. Sie sollte den Amerikanern den Kauf der französischen Gesellschaft erleichtern, die Befürworter der Nikaragua-Route umstimmen und möglichst viele Aktien der COMPAGNIE NOUVELLE günstig erwerben. Die amerikanische Gesellschaft wurde jedoch mit der französischen Auffanggesellschaft nicht handelseinig.

1901 wurde in britisch-amerikanischen Verhandlungen der Clayton-Bulwer-Vertrag durch den für die Vereinigten Staaten günstigeren Hay-Pauncefote-Vertrag ersetzt. Dadurch besaßen die Vereinigten Staaten nun alle erforderlichen Rechte und Befugnisse für den Bau und Betrieb eines zentralamerikanischen Kanals unter eigener Hoheit.

Aus politischen Gründen entschied sich die Kommission unter Walker 1901 gegen die Panama-Route und empfahl die Nikaragua-Route für einen interozeanischen Kanal. In dieser Situation ging die COMPAGNIE NOUVELLE notgedrungen auf das amerikanische Angebot von 40 Millionen US-Dollar ein. Hierauf entschlossen sich die Vereinigten Staaten zum Ankauf und zur Weiterführung der von den Franzosen begonnenen Panamakanal-Trasse.

Im Jahre 1902 wurde vom Kongress in Washington die „Spooner-Bill" angenommen; die Herstellung des zentralamerikanischen Kanals in Panama auf Staatskosten wurde damit in den Vereinigten Staaten Gesetz. Die folgenden Verhandlungen zwischen den Vereinigten Staaten und Kolumbien bezüglich der Übertragung der Kanalkonzession sowie die Verleihung politischer Rechte auf dem Gelände des zu bauenden Panamakanals gestalteten sich schwierig. Ein neuer Vertrag zwischen den beiden Ländern über die Kanalkonzession kam zwar zustande, wurde in Bogota aber nicht ratifiziert. Zehn Millionen US-Dollar und dann, nach Fertigstellung des Kanals, jährlich 250.000 US-Dollar waren den stolzen Kolumbianern zu wenig.

Daraufhin kam es Anfang November 1903 in Panama zu einer der seltsamsten Revolutionen in der Geschichte Lateinamerikas. Der Staatsstreich verlief unblutig. Die Panamaer hatten Geld genug, um 500 Mann kolumbianische Soldaten mit einigen US-Dollars zum Abzug zu bewegen. Sie hätten die Revolution nicht gewagt, wenn nicht Bunau-Varilla ihnen die Zusage gemacht hätte, die Amerikaner würden ein Kriegsschiff schicken. Dass eins unterwegs war, hatte er in der Zeitung gelesen. Auch sonst hatte er Glück mit seiner Intrigantentaktik. Die kolumbianische Provinz Panama löste sich von Kolumbien ab und erklärte sich unter dem Druck der Vereinigten Staaten von Amerika für selbständig. Die neue Regierung Panamas ernannte Bunau-Varilla zum Geschäftsträger in Washington. Er ließ sich in Diplomatenuniform fotografieren, übergab im Weißen Haus seine Beglaubigung und schrieb über Nacht den Vertrag, der den Amerikanern die Konzession sicherte und den ein Senator pries, er sei „mit mehr Vorteilen versehen, als irgendjemand sich hätte jemals träumen lassen". Der Republik Panama wurden die gleichen Geldleistungen zugesagt, die man den Kolumbianern ein Jahr zuvor angeboten hatte. Eine 16 Kilometer breite Kanalzone in der neuen Republik Panama wurde von den Vereinigten Staaten gepachtet.

Hinweise dafür, dass die Revolte von den Amerikanern in der von Cromwell geleiteten Verwaltung der Panama Rail Road Company angezettelt wurde, gab es zuhauf, Beweise keine. Erster Präsident der Republik Panama wurde jedenfalls der Arzt der Eisenbahner, Dr. Amador. Am seltsamsten aber war die Rolle, des Franzosen Bunau-Varilla. Die Panamaer hielten ihn für den offiziellen Vertreter der Vereinigten Staaten von Amerika, die Amerikaner für den autorisierten Sprecher Panamas. In der Tat trieb ihn nichts anderes als der private Drang, „Frankreichs Ehre" hochzuhalten, konkret: Dafür zu sorgen, dass die französischen Intentionen, den Kanal an der von de Lesseps gewählten Stelle anzulegen, als richtig und nicht utopisch anerkannt würden.

Die Abtrennung von Kolumbien war erfolgreich, und mit den Führern des neuen Staats Panama wurden die Vereinigten Staaten schnell handelseinig. Der 1903 zwischen der neuen Republik Panama und den Vereinigten Staaten geschlossene „Hay-Bunau-Varilla-Vertrag" gestand den Vereinigten Staaten von Amerika in der rund 840 Quadratkilometer großen Kanalzone die praktisch unbeschränkte Gebietshoheit bei formellem Fortbestehen der territorialen Souveränität Panamas zu und sollte „auf ewig" gelten. Panamas neue Regierung erhielt von diesem Vertrag erst Kenntnis, als nichts mehr zu ändern war. Auf Grundlage dieses Vertrages wurde der Panamakanal von den Amerikanern gebaut.

Im April 1904 wurde von der Auffanggesellschaft COMPAGNIE NOUVELLE der Verkauf des Kanals einschließlich aller Anlagen und Rechte für 40 Millionen US-Dollar an die Vereinigten Staaten vollzogen. Die Auffanggesellschaft wurde danach aufgelöst. Der Liquidator hatte umsichtig und kaufmännisch gehandelt. Mit dem Verkaufserlös wurden u.a. die Obligationäre der „Alten Kanalgesellschaft" ab 1904 mit einer Quote von rund 11 % abgefunden; die Aktionäre und Inhaber von Genussscheinen jedoch gingen leer aus.

10. Fertigstellung des Kanals durch die Amerikaner (1904-1914)

Im Gegensatz zu de Lesseps sahen die Amerikaner einzig einen Kanal mit Schleusen und Stauseen als machbar an, für den sich auf der Landenge von Panama bessere Voraussetzungen boten als in Nikaragua. In Panama hatten die Schiffe maximal einen Höhenunterschied von 26 Metern zu überwinden, und dank des Chagres-Flusses gab es genug Wasser, um einen großen Stausee mit einer 29 Kilometer langen Fahrrinne zu füllen und gleichzeitig den Wasserbedarf der sechs geplanten Schleusenbecken zu decken. Das Vorhaben in Panama war auch so noch gigantisch, aber es lag im Bereich des technisch und ökonomisch Möglichen.

1904 begannen die Amerikaner mit den Vorarbeiten am Kanal. Der amerikanische Präsident Theodore Roosevelt stellte die Konstruktionsarbeiten unter die Leitung des US Army Corps of Engineers. Im Mai 1904 ernannte Roosevelt John Findley Wallace zum leitenden Ingenieur, der allerdings nach einem Jahr bereits aufgab. Die Feldbahnen konnten die anfallenden Erdmengen kaum abtransportieren. Außerdem wurde der Bau durch einen großen bürokratischen Aufwand der militärischen Administration erheblich erschwert.

Im Unterschied zu den Franzosen planten die Amerikaner den Bau vorab bis ins kleinste Detail. Im April 1905 wurde der Kanalbau dem Ingenieur John Frank Stevens anvertraut. Er erkannte, dass die größten Schwierigkeiten die Krankheiten darstellten und er daher zuerst die Lebensumstände der Arbeiter verbessern musste.

Mit seinem Einsatz erwarb er sich den Respekt der Arbeiter, so dass er sich mit der Planung der Logistik und dem Aufbau der Organisation der eigentlichen Herausforderung stellen konnte. Die diesbezüglichen Pläne der Isthmian Canal Commission wurden 1906 vom Kongress der Vereinigten Staaten genehmigt. Im Jahr 1906 begannen die eigentlichen Bauarbeiten

Für die Vorbereitung des Kanals hatte man sich vom September 1904 an bis 1906 Zeit gelassen: für die Planung des Stausees von Gatun, der Seehäfen von Colon (Atlantik) und Balboa (Pazifik), für die Vorbereitung der sechs riesigen Schleusenanlagen mit Becken von 320 Metern Länge und 32,5 Metern Breite, für die Planung des Durchstichs durch den Culebra-Hügelzug, des sogenannten Culebra-Cuts, und nicht zuletzt für eine Ausrottungskampagne gegen die Aedes- und Anopheles-Mücken, die man als Urheberinnen von Gelbfieber und Malaria identifiziert hatte. Vor allem aber wurde eine gigantische Infrastruktur an dampfbetriebenem Baugerät aufgebaut. Ganze Städte für das zivile und militärische Personal wurden aus dem Boden gestampft, für über 80.000 Menschen.

Die Kanalbauer erschufen durch die Aufstauung des Rio Chagres den damals zweitgrößten Stausee der Welt, den Gatunsee. Er liegt 26 Meter über dem Meeresspiegel und wird durch eine Staumauer mit 30 Meter Kronenbreite gehalten. Für die Flutung des Gatunsees auf das heutige Niveau brauchte es mehrere Jahre. An der Pazifikseite entstand der Miraflores See durch die Stauung des Rio Grande. Die Konstruktion des Kanals gehörte seinerzeit zu den größten Ingenieursleistungen aller Zeiten. Es wurde eine Bauzeit von zehn Jahren veranschlagt.

Im April 1907 kündigte Stevens überraschend und zum Unmut Roosevelts mit der Erklärung, er habe seinen Vertrag aufs Wort erfüllt. In diesem hieß es, er solle solange daran arbeiten, bis er selbst mit Sicherheit sagen könne, dass das Kanalprojekt gelingen oder scheitern wird. Die Arbeit wurde nun von Generalmajor George Washington Goethals fortgesetzt, der von Roosevelt besonders unterstützt wurde. Roosevelt hatte Goethals unter anderem deshalb ausgesucht, weil er - anders als sein Vorgänger - als Militärangehöriger nicht kündigen konnte. Die militärisch geplanten Arbeiten verliefen nun geradezu in Routine. Zeitweise arbeiteten 30.000 Mann am Kanal. Goethals führte von 1907 an den Bau des Kanals und der Schleusenstufen erfolgreich zu Ende.

Eine große Hürde beim Bau des Panamakanals stellte die kontinentale Wasserscheide dar. Der fast 100 Meter hohe Culebra-Bergrücken markiert die Grenze zwischen den zum Pazifik oder zum Atlantik hin abfließenden Flüssen. Um ihn zu überwinden, musste der Berg auf einer Strecke von 13 Kilometern 80 Meter tief durchschnitten werden. 6.000 Mann schufteten sieben Jahre lang an diesem Bauabschnitt, dem sogenannten Culebra-Cut (auch: Gaillard-Cut). Mit Dynamit sprengten sie zwei Mal am Tag den Fels weg, die Trümmerbrocken wurden dann mit Dampfschaufeln aufgenommen und auf Eisenbahnwaggons verfrachtet. Die Kanalkonstruktion brachte nicht nur erhebliche Erdbewegungen mit sich, sondern erforderte auch eine Sanierung des gesamten Kanalgebiets, das von Moskitos, die Gelbfieber und Malaria verbreiteten, verseucht war. Mit dem Abschluss der Arbeiten an den Schleusen im Mai 1913, der größten Betonkonstruktionen der damaligen Zeit, waren die aufwändigsten Arbeiten am Kanal abgeschlossen.

Am 15. August 1914 wurde der Panamakanal in Betrieb genommen. Eine rauschende Einweihungsfeier wie einst am Suezkanal unterblieb, da in Europa am 3. August 1914 der Erste Weltkrieg ausgebrochen war. Lediglich ein ganz gewöhnlicher Transportdampfer, die Ancon, an Bord Panamas Präsident und einige Diplomaten, wurde zur Inbetriebnahme des Kanals vom Atlantik in den Pazifik geschleppt. Die geplanten Eröffnungsfeierlichkeiten wurden abgesagt und erst 1920 nachgeholt. Am 12. Juli 1920 gab US-Präsident Woodrow Wilson den Panamakanal offiziell für den Schiffsverkehr frei.

Die Gesamtausgaben der Amerikaner des nun mit Schleusen und Stauseen erbauten Kanals beliefen sich auf 386 Millionen US-Dollar. Während der Bauarbeiten von 1906 bis 1914 starben 5.609 Arbeiter an Unfällen und Krankheiten. Insgesamt wurden circa 28.000 Arbeiter von 1882 bis 1914 Opfer von Unfällen und Krankheiten (einschließlich der französischen Panamakanal-Compagnie).

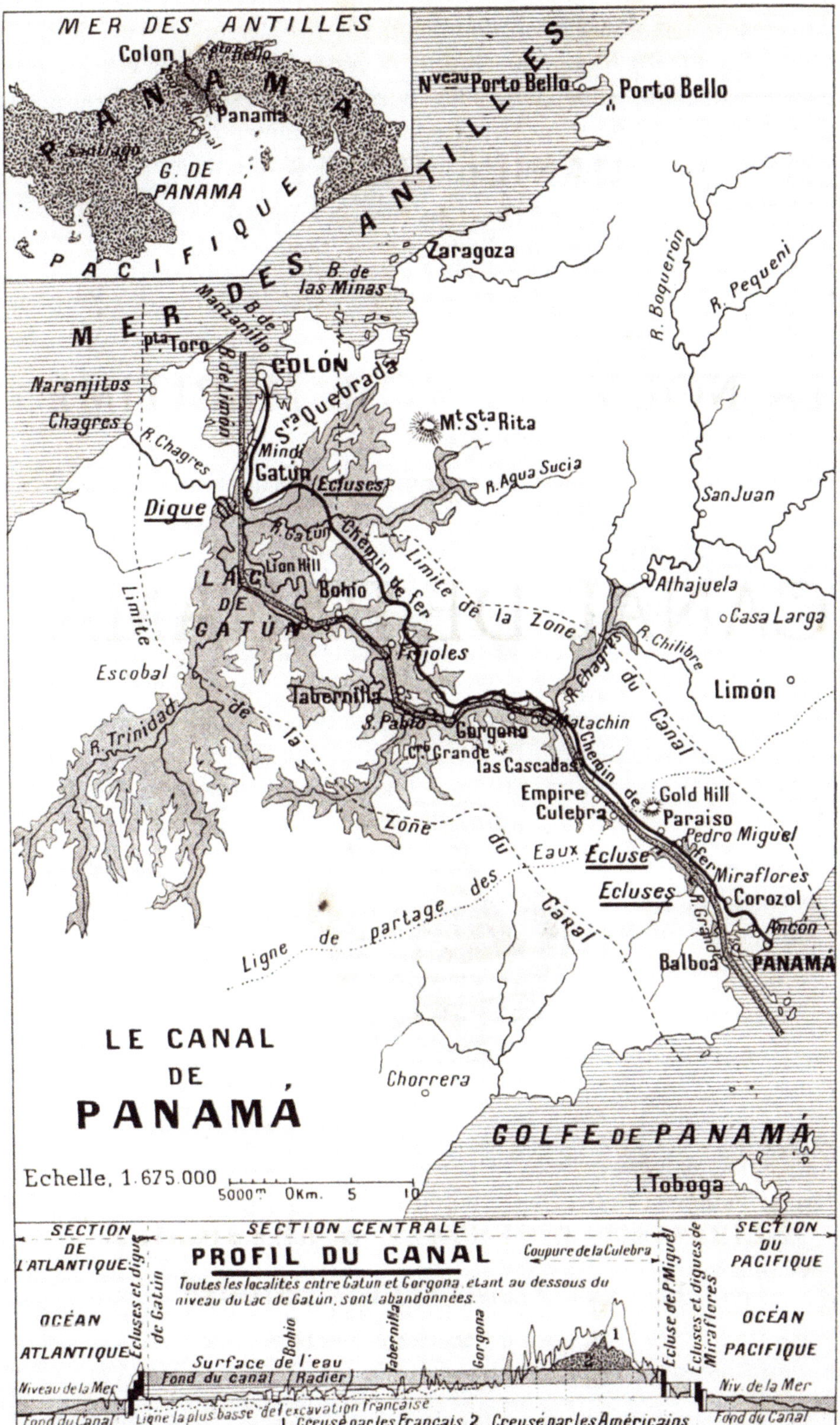

Verlauf der Kanaltrasse nach Fertigstellung des Panamakanals.

Von den Häfen Christobal und Colon (Atlantikseite) führt der Kanal durch Mangrovensümpfe zu der dreistufigen Doppelschleusenanlage von Gatun, in der die Schiffe auf die 26 Meter über dem Meeresspiegel gelegene Scheitelstrecke gehoben werden. Die Schleusenanlage wird durch den künstlich aufgestauten Gatunsee mit Wasser versorgt. In einem 13 Kilometer langen Einschnitt, dem „Gaillard Cut", überwindet der Panamakanal die 82 Meter hohe Wasserscheide zwischen den Ozeanen. Die einstufige Doppelschleuse von Pedro Miguel überwindet den Höhenunterschied zum Stausee von Miraflores, eine zweistufige Doppelschleuse (Miraflores-Schleusen) führt in den auf Meeresniveau liegenden pazifischen Auslaufkanal bei Panama City. Natürlich wurde der Kanal ein Erfolg.

11. Der Panamakanal - bis heute

Der Panamakanal verkürzt den Seeweg New York-Yokohama um 7.000 Seemeilen. Für die Vereinigten Staaten von Amerika spielte der Kanal anfangs nicht nur eine entscheidende Rolle im Handelsverkehr zwischen Ost- und Westküste, sondern war früher auch von großer militärisch-strategischer Bedeutung. Der über 100 Jahre alte Kanal gilt auch heute noch für den zivilen und militärischen Schiffsverkehr als die bedeutendste künstliche Wasserstraße der Welt. 14.300 Schiffe (Mittel der Jahre 2011 bis 2013) durchfahren ihn pro Jahr. Die durch den Panamakanal transportierte Warenmenge entspricht in etwa fünf Prozent des weltweiten Seefrachtverkehrs. Die durchschnittliche Warte- und Durchfahrtszeit im Kanal beträgt heute rund 12 Stunden. Die weitere Chronik des Panamakanals:

1977
Der amerikanische US-Präsident Jimmy Carter handelte mit General Omar Torrijos die Torrijos-Carter-Verträge aus, nach denen der Kanal bis zum Jahre 2000 an Panama zurückzugeben sei.

1982
Parallel zum Kanal verläuft seit 1982 eine Ölleitung für das in Tankern von Alaska heran transportierte Öl. Die Ölpipeline erspart jährlich rund 1.500 Tankerdurchfahrten.

1999
Der Panamakanal ist seit seiner Übergabe durch die Vereinigten Staaten von Amerika an Panama am 31. Dezember 1999 unveräußerliches Eigentum des panamaischen Volkes und wird von der ACP (Autoridad del Canal de Panamá) verwaltet und betrieben. Die ACP ist eine selbstständige panamaische Behörde mit rund 9.000 Mitarbeitern. Sie ist an das Abkommen über die Neutralität des Kanals gebunden, das ein Bestandteil der am 7. September 1977 zwischen den Vereinigten Staaten und Panama abgeschlossenen Torrijos-Carter-Verträge ist.

2006
Nach jahrelanger Diskussion wurden im April 2006 die Pläne für den Ausbau des Kanals verkündet, da für die heutigen Containerriesen der Kanal und seine

Schleusen längst zu eng geworden waren. Ein verfassungsgemäßes Referendum wurde am 22. Oktober 2006 in Panama durchgeführt, wobei 78 Prozent der Wähler bei 43 Prozent Wahlbeteiligung für den Ausbau des Kanals stimmten. Das Ergebnis ist aufgrund der Torrijos-Carter-Verträge von 1978 für die Regierung bindend.

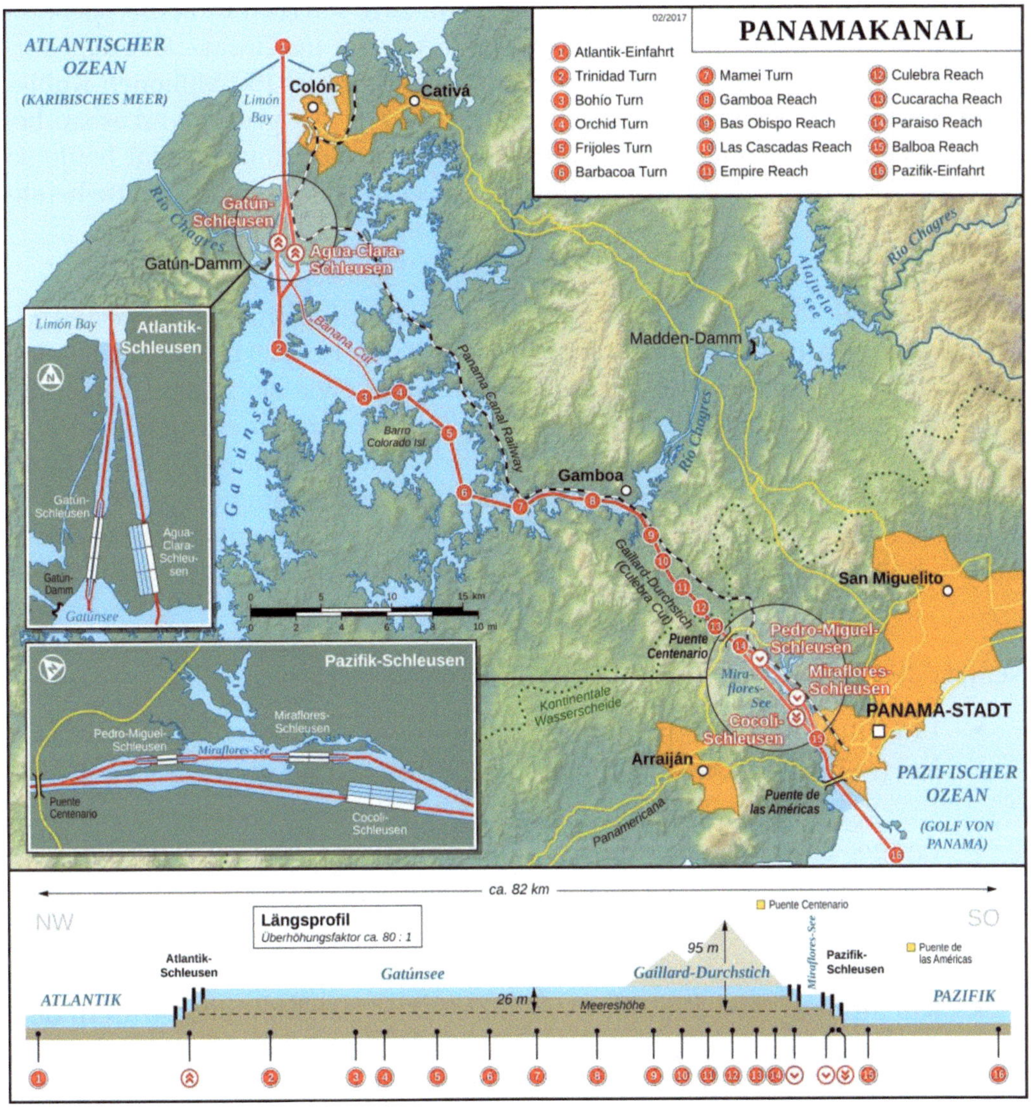

Karte des Panamakanals mit den neuen Schleusen 2016.

2007

Der Panamakanal wurde seit 2007 ausgebaut und erweitert. Dazu wurde auf beiden Seiten, der atlantischen und der pazifischen Seite, neben den existierenden je eine neue, dreistufige Schleusenanlage gebaut, deren Kammern 55 m breit und 427 m lang sind. Die neue pazifische Schleusenanlage umgeht dabei mit verlängerten Zufahrtskanälen sowohl die Miraflores als auch die Pedro-Miguel-

Schleuse. Die beiden neu erbauten Schleusen wurden als Sparschleusen mit je drei Sparbecken pro Kammer ausgelegt. Die Schleusen sind mit 427 Metern mehr als 120 Meter länger, als die alten Schleusenanlagen von 1914. Außerdem wurden die Fahrrinnen im Gatunsee erweitert sowie vertieft und der Culebra Cut vertieft. Die alten Schleusen sind auch zukünftig in Betrieb.

2016
Die Erweiterung des Kanals wurde am 26. Juni 2016 feierlich in Betrieb genommen. Bei dem Megaprojekt waren rund 40.000 Arbeiter im Einsatz. Um die Fahrrinnen für größere Schiffe befahrbar zu machen, mussten 150 Millionen Kubikmeter Erdreich ausgebaggert werden. Die Kosten für den gesamten Ausbau beliefen sich auf 5,25 Milliarden US-Dollar. Dafür ist der Panamakanal heute so dimensioniert, dass ihn fast alle auf den Weltmeeren verkehrenden Schiffe befahren können.

2018
Panamas Kanal könnte allerdings bald Konkurrenz erhalten. Das einige 100 Kilometer nördlich belegene Nikaragua will mit chinesischer Hilfe ebenfalls eine Wasserstraße quer durch sein Staatsgebiet bauen, die wie der Panamakanal den Atlantik mit dem Pazifik verbindet. Die Regierung prüft ein entsprechendes 20 Milliarden US-Dollar Projekt. Die Distanz zwischen den beiden Ozeanen ist in Nikaragua wesentlich größer als in Panama. Laut dem nikaraguanischen Projekt sollen zwei Flüsse und der größte See des Landes, der Nikaraguasee, mit Schleusen und Kanälen für eine interozeanische Verbindung erschlossen werden.

Kennzahlen zum Panamakanal

- Ein- und Ausfahrt: Panama-City (auf der pazifischen Seite) und Colon (auf der atlantisch-karibischen Seite).

- Länge: circa 80 km; die exakten Angaben zur Länge variieren je nach Wahl der Punkte, an denen die Übergänge zwischen Meer und Kanal angesetzt werden.

- Kanalhöhe: Auf seinem Weg führt der Panamakanal durch den künstlich gestauten Gatunsee, in dem der Schiffsverkehr in ausgebaggerten Fahrrinnen verläuft. Der Stausee wurde eigens für den Bau des Panamakanals geschaffen und ist der höchste Punkt des Kanals. Die Schiffe werden über Schleusen angehoben und erreichen auf dem Gatunsee eine Höhe von rund 26 Metern über dem Meeresspiegel.

- Schleusen auf der pazifischen Seite: Miraflores (zweistufig; L: 305 m, B: 33,5 m, T: 12,8 m), Pedro Miguel (zweistufig; L: 305 m, B: 33,5 m, T: 12,8 m) und seit 2016 Cocoli (neu, dreistufig; L: 427 m, B: 55 m, T: 18,3 m).

- Schleusen auf der atlantisch-karibischen Seite: Gatun (dreistufig; L: 305 m, B: 33,5 m, T: 12,8 m) und seit 2016 Agua Clara (neu, dreistufig; L: 427 m, B: 55 m, T: 18,3 m).

- Containerkapazität: 4.500 in den bisherigen Schleusen, 12.500 in den neuen Schleusen/ Schiffe pro Jahr: 12.000 bis 13.000 bisher, neu 16.000 bis 18.000.

- Häfen: Balboa als Stadtteil von Panama City (pazifische Seite) sowie Cristobal und Manzanillo in der Provinz Colon (atlantisch-karibische Seite).

Die MSC Poh Lin in der Miraflores-Schleuse 2013.

B. Historische Wertpapiere 1880-1894

12. Erläuterungen zu den Historischen Wertpapieren

Im Teil B werden die von den folgenden Gesellschaften

- COMPAGNIE UNIVERSELLE DU CANAL INTEROCÉANIQUE DE PANAMA
- SOCIÉTÉ INTERNATIONALE D'ÉTUDES DU CANAL INTEROCÉANIQUE DE PANAMA
- SOCIÉTÉ D'ÉTUDES ET DE PUBLICATIONS POUR FAVORISER L'ACHÈVEMENT DU CANAL DE PANAMA
- SOCIÉTÉ FRANÇAISE DES CHEMINS DE FER À NAVIRES
- COMPAGNIE NOUVELLE DU CANAL DE PANAMA

zwischen 1880 und 1894 ausgegebenen bzw. bis heute bekannt gewordenen Wertpapiere katalogähnlich dokumentiert. Zu jeder Gesellschaft werden die ausgegebenen Wertpapiere chronologisch nach Gattungen dokumentiert und - soweit vorhanden - abgebildet. Folgende Angaben erfolgen:

- Die Identitäts-Nummer PA bedeutet: Panama. Die Identitäts-Nummern laufen in Zehnerschritten von PA-010 bis PA-160 für die insgesamt 16 verschiedenen Wertpapiere der fünf Gesellschaften. Die Identitäts-Nummer findet sich auch unter den jeweiligen Abbildungen.
- Die Beschreibung der Wertpapierarten (Inhaberaktien, Gründeranteile, Obligationen, Anteilscheine, etc.).
- Der geplante bzw. realisierte Ausgabebetrag der Emission sowie die Nennwerte bzw. Stückelungen der Wertpapiere.
- Das Datum der Ausgabe.
- Die Laufzeit, der Zinsfuß, die Zinstermine und die Tilgung bei der festverzinslichen Wertpapieren (Obligationen und Lotterieanleihen).

Die zwischen 1880 und 1894 ausgegebenen „Historischen Wertpapiere" der fünf Gesellschaften stellen ein überschaubares und abgeschlossenes Sammelgebiet dar.

13. Compagnie Universelle du Canal Interocéanique de Panama 1880

COMPAGNIE UNIVERSELLE DU CANAL INTEROCÉANIQUE DE PANAMA
(Universalgesellschaft des interozeanischen Panamakanals)

Gegründet	Die Gesellschaft wurde im März 1880 gegründet. Die Statuten der Compagnie wurden am 20. Oktober 1880 vor dem Notar Champetier de Ribes in Paris niedergelegt.
Sitz	Paris
Zweck	Bau- und Betrieb des Panamakanals
Rechtsform	Französische Aktiengesellschaft
Aktienkapital	300 Millionen französische Goldfranken, eingeteilt in 600.000 Inhaberaktien über je 500 französische Goldfranken. Die Subskription der 590.000 teileingezahlten Aktien vom 7. - 9. Dezember 1880 wurde mehrfach überzeichnet.
Ausgegebene Wertpapiere	• Teileingezahlte und volleingezahlte Inhaberaktien (Actions au Porteur) von 1880 • Depotzertifikate für ausgegebene Aktien (auf den Namen ausgestellt) • Gründeranteilscheine (Parts de Fondateur) • Zwischenscheine für Obligationen, Lotterieanleihen und Lotteriescheine 1883-1889 • Inhaberobligationen (Obligations au Porteur) 1883-1888 • Lotterieanleihen von 1888 • Lotteriescheine von 1889 • Depotzertifikate für Obligationen, Lotterieanleihen und Lotteriescheine (auf den Namen ausgestellt) 1883-1889
Liquidation der Gesellschaft	ab 1889

PA-010

Inhaberaktien von 1880 (teileingezahlte Aktie)

Am 9. Dezember 1880 platzierte die COMPAGNIE UNIVERSELLE DU CANAL INTEROCÉANIQUE DE PANAMA 590.000 teileinzuzahlende Aktien zu je 500 französische Goldfranken. Die Subskription der Aktien vom 7.-9. September 1880 wurde mehrfach überzeichnet. Die Aktien wurden bei Emission zunächst mit 250 französischen Goldfranken teileingezahlt (1. und 2. Einzahlung), 1886 erfolgte die Restzahlung in zwei Raten über jeweils 125 französische Goldfranken (3. und 4. Einzahlung, jeweils auf der Aktie dokumentiert). Auf die Aktien wurden 5% Vorzugsdividende garantiert (zahlbar 1. Januar/ 1. Juli). Der letzte Dividendenkupon (No.15) wurde im Juli 1888 eingelöst. Durch die gesamte Aktienemission flossen der Gesellschaft 295 Millionen französische Goldfranken zu. Bis 1888 wurde an die Aktionäre 12.500.000 französische Goldfranken Vorzugsdividende ausgeschüttet. Farbe: blau. Bewertung: verfügbar, 25-60 €.

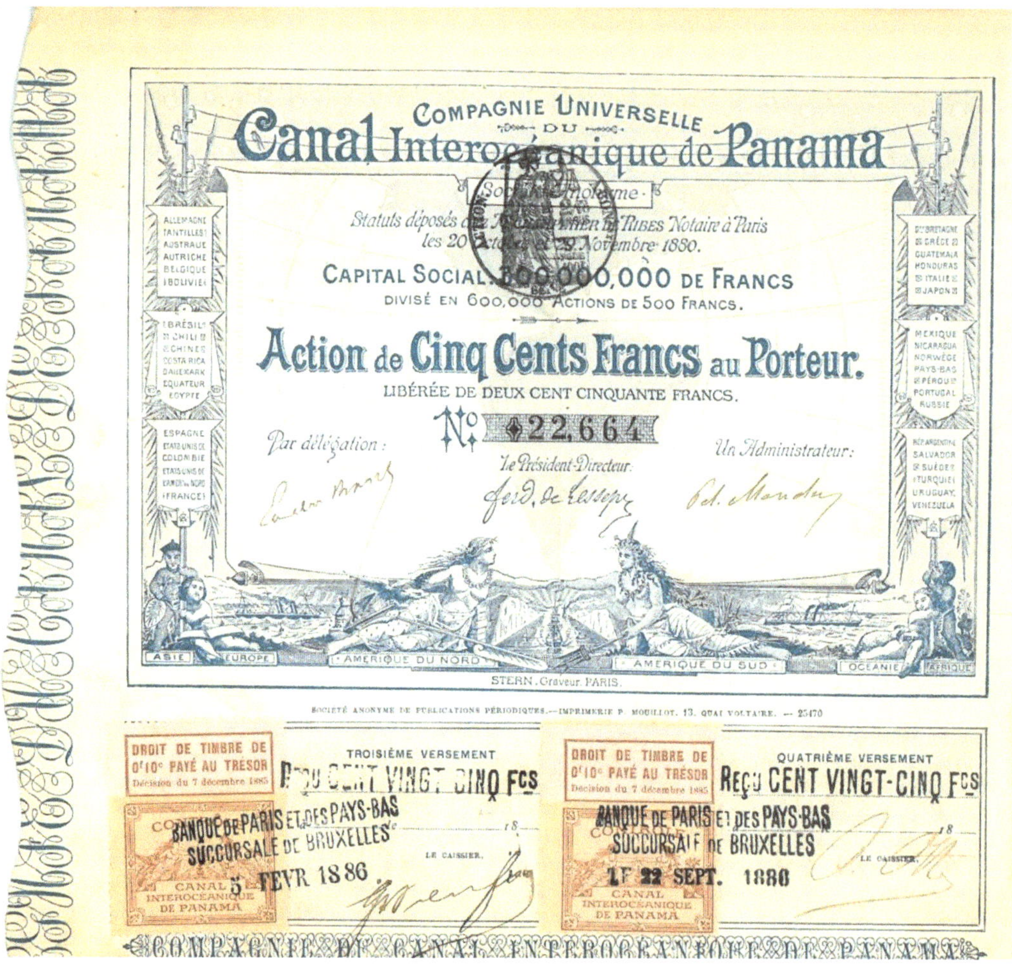

Compagnie Universelle du Canal Interocéanique de Panama

Capital Social 300.000.000 de Francs

divisé en 600.000 Actions de 500 Francs.

Action de Cinq Cents Francs au Porteur.

Libérée de deux cent cinquante francs.

No 22,664

Par délégation: Le Président-Directeur: Un Administrateur:

Droit de timbre de 0f10c payé au trésor — Troisième versement — Reçu cent vingt-cinq Fcs — Banque de Paris et des Pays-Bas, Succursale de Bruxelles, 5 Févr 1886

Droit de timbre de 0f10c payé au trésor — Quatrième versement — Reçu cent vingt-cinq Fcs — Banque de Paris et des Pays-Bas, Succursale de Bruxelles, 22 Sept. 1886

PA-010: Compagnie Universelle du Canal Interocéanique de Panama, teileingezahlte Inhaberaktie von 1880 (Ausschnitt).

PA-010: Compagnie Universelle du Canal Interocéanique de Panama, teileingezahlte Inhaberaktie von 1880 (mit Kupons).

PA-010

Depotzertifikate für Aktien (auf den Namen ausgestellt)

Die Aktien der COMPAGNIE UNIVERSELLE DU CANAL INTEROCÉANIQUE DE PANAMA lauten auf den Inhaber. Sie konnten jedoch bei der Gesellschaft deponiert werden, die auf den Namen ausgestellte Depotzertifikate, sogenannte „Certificats d' inscription nominative d' Actions", dafür ausfertigte. Farbe: hellgrün. Bewertung: extrem selten, 200-500 €.

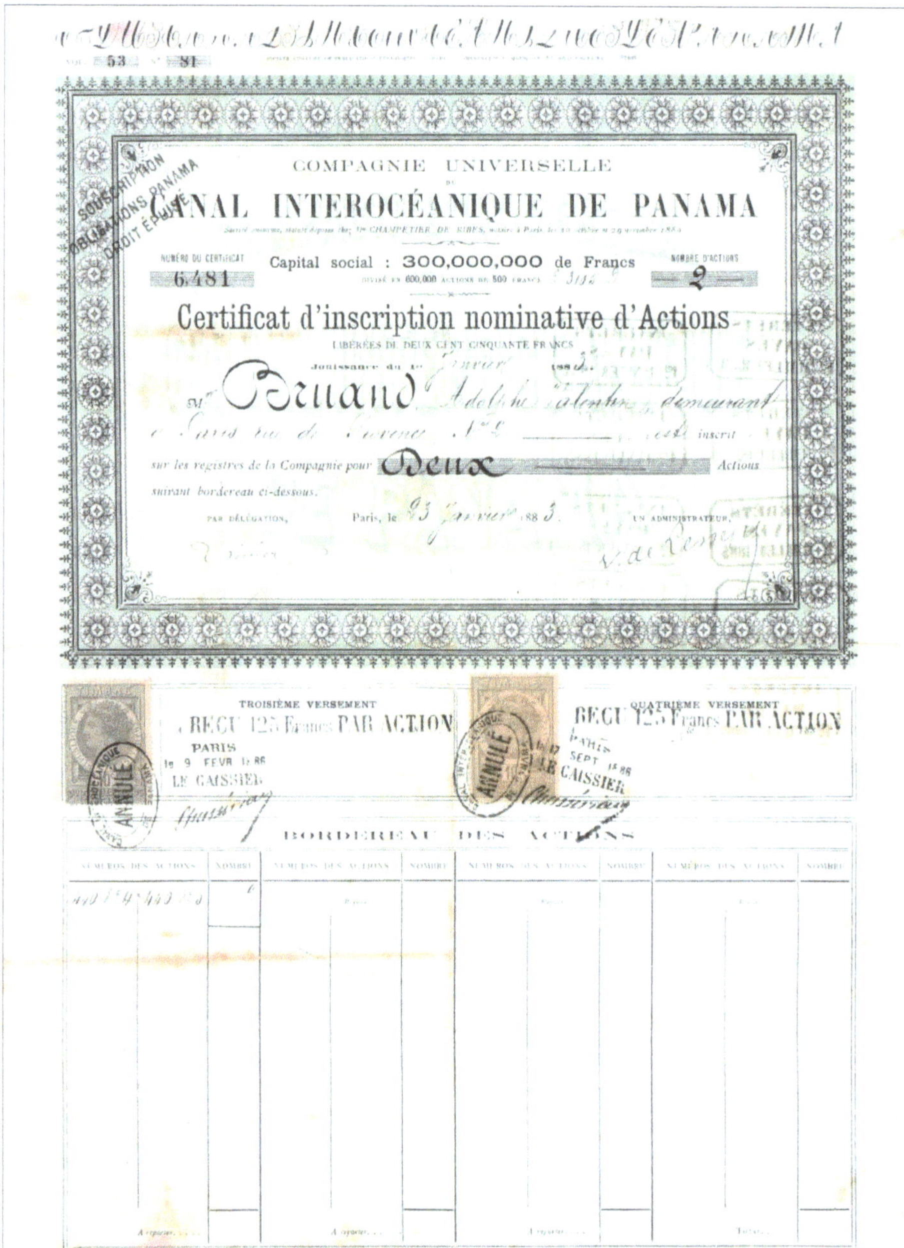

PA-010: Compagnie Universelle du Canal Interocéanique de Panama, Depotzertifikat für zwei Aktien, namentlich ausgestellt in Paris am 23. Januar 1883.

PA-020

Inhaberaktien von 1880 (volleingezahlte Aktie)

Für ihre Gründer emittierte die COMPAGNIE UNIVERSELLE DU CANAL INTEROCÉANIQUE DE PANAMA gemäß Artikel VI der Gesellschaftsstatuten 10.000 voll eingezahlte Aktien. Diese Aktien wurden fortlaufend an der Pariser Börse notiert.

Die von No. 1 bis No. 10.000 durchnummerierten Aktien waren rot überstempelt mit folgendem Text: Cette Action entièrement libérée fait partie des dix mille actions (nos 1 à 10,000) qui ont été remises à la Société civile, en exécution de l`article VI des Statuts; mais elle n`a droit qu`à un revenu égal à celui des autres actions portant les numéros 10,001 à 600,000. Auch auf diese Aktien wurden 5% Dividende garantiert. Der letzte Dividendenkupon (No.15) wurde im Juli 1888 eingelöst. Farbe: blau. Bewertung: extrem selten, 200-600 €.

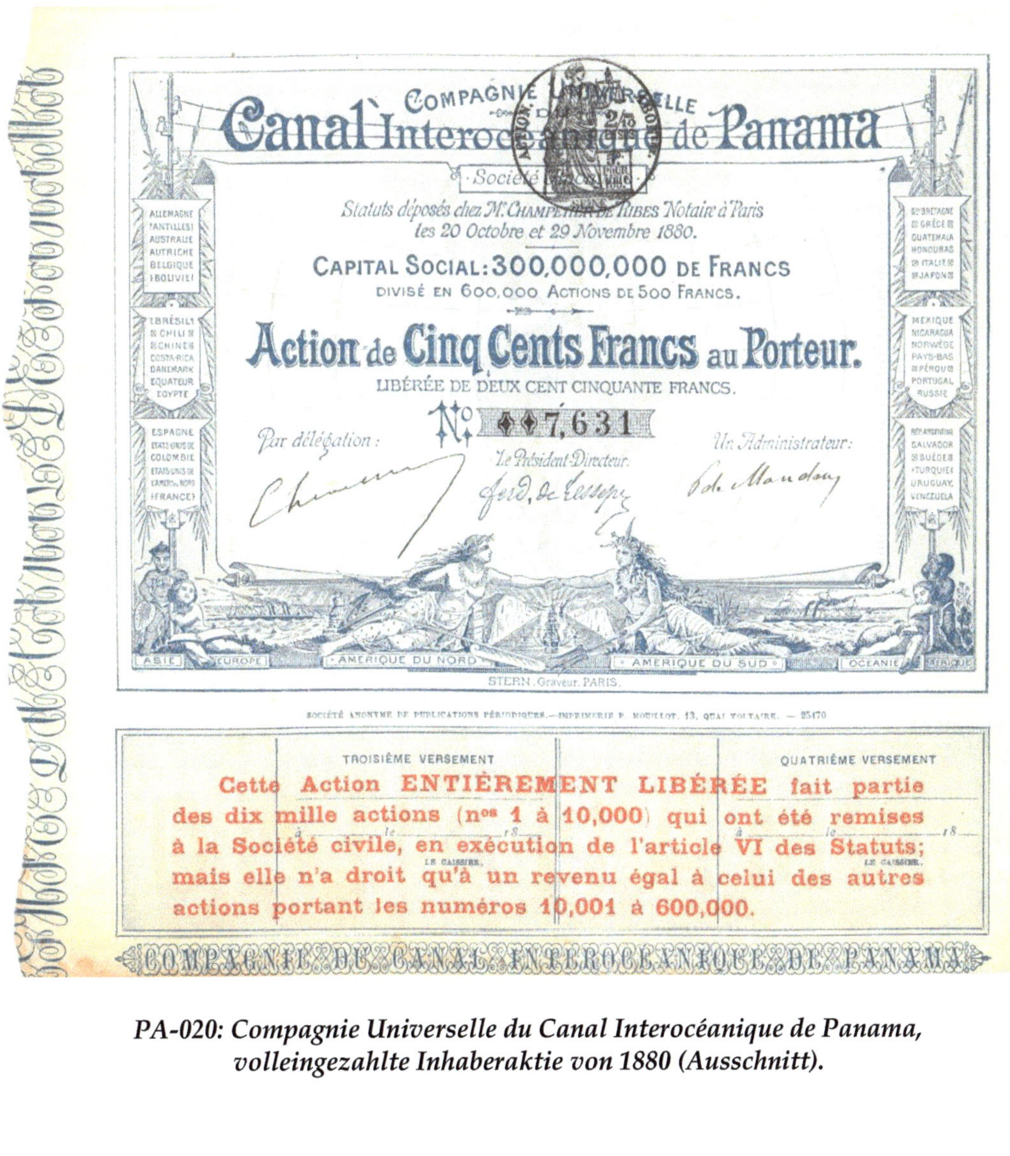

PA-020: Compagnie Universelle du Canal Interocéanique de Panama, volleingezahlte Inhaberaktie von 1880 (Ausschnitt).

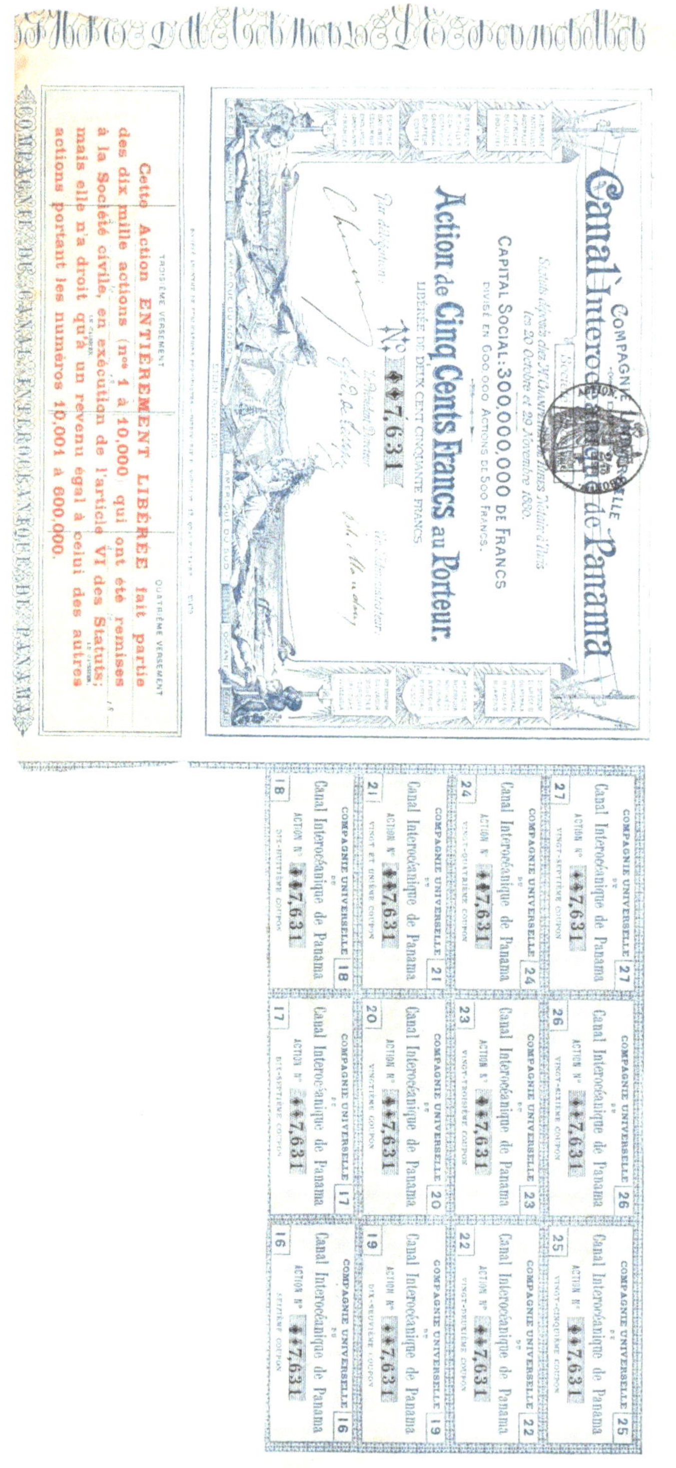

PA-020: Compagnie Universelle du Canal Interocéanique de Panama, volleingezahlte Inhaberaktie von 1880 (mit Kupons).

PA-030

Gründeranteilscheine (Parts de Fondateur) von 1887

Die COMPAGNIE UNIVERSELLE DU CANAL INTEROCÉANIQUE DE PANAMA emittierte 1887 Gründeranteilscheine (Parts de Fondateur au Porteur) ohne Nennwert über einen Gesamtbetrag von 21,6 Millionen französischen Goldfranken. Bei der Gründung der Gesellschaft wurden ursprünglich 900 Gründeranteile geschaffen. Die Gründeranteilscheine berechtigten zum Bezug einer Vorzugsdividende in Höhe von 15% des Gesellschaftsgewinnes.

Die 900 Gründeranteile wurden in 9.000 Zehntelanteile aufgesplittet und am 16.8.1887 an der Pariser Börse zum Kurs von rund 2.400 französischen Goldfranken je Anteilschein platziert.

Der Gesellschaft flossen durch die Emission 21,6 Millionen französische Goldfranken zu. Die Gründeranteilscheine tragen teilweise die Originalsignatur von Charles A. de Lesseps (Sohn von Ferdinand de Lesseps) als Mitglied des Verwaltungsrates. Farbe: gelb. Bewertung: Selten, 100-300 €.

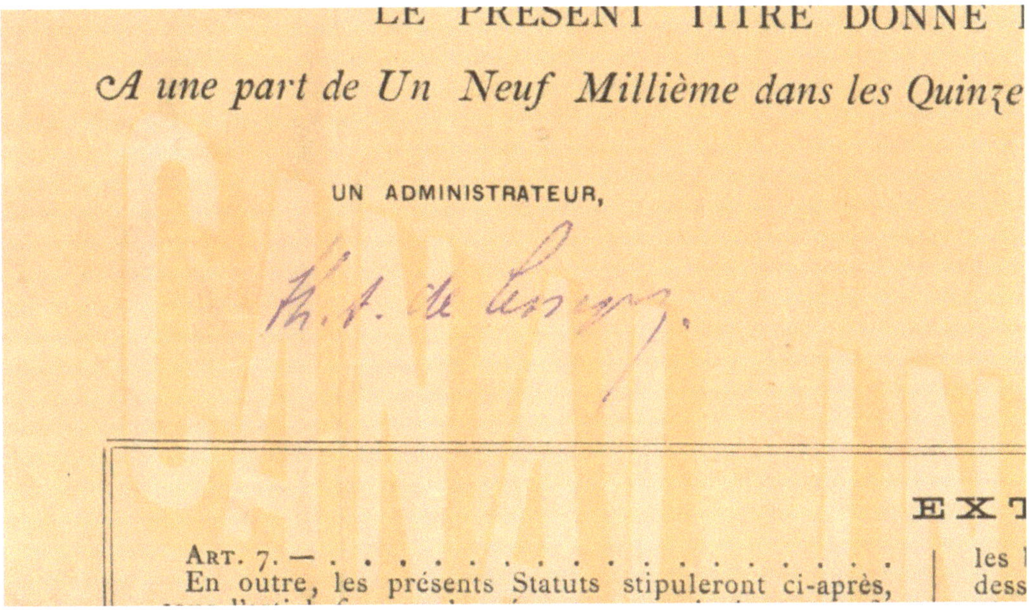

PA-030: Compagnie Universelle du Canal Interocéanique de Panama, Gründeranteilschein (Part der Fondateur), ausgegeben 1887. Ausschnitt mit der Originalsignatur von Charles Aimé de Lesseps (1840-1923) als Verwaltungsrat (Bruder von Ferdinand de Lesseps).

PA-030: Compagnie Universelle du Canal Interocéanique de Panama, Gründeranteilschein (Part der Fondateur), ausgegeben 1887.

PA-040

5% Obligationen von 1883

Die COMPAGNIE UNIVERSELLE DU CANAL INTEROCÉANIQUE DE PANAMA begab ab dem 7. September 1882 5%ige Obligationen (Datum: 15.1.1883/ Zinstermine: 15. Januar/ 15. Juli). Die Hauptversammlung der Gesellschaft genehmigte am 29. Juni 1882 diese Emission über geplante 125 Millionen französische Goldfranken, eingeteilt in 250.000 Obligationen über je 500 französische Goldfranken. Alle 250.000 Obligationen wurden zu 437,50 französischen Goldfranken vom Publikum gezeichnet.

Durch die Anleiheemission flossen der Gesellschaft insgesamt 109.375.000 französische Goldfranken zu. Bis 1888 wurden an die Inhaber dieser Schuldtitel 35.875.575 französische Goldfranken an Zinsen gezahlt. 1.969 Anleihestücke wurden bis 1888 getilgt (984.450 französische Goldfranken). Die Obligationen waren innerhalb von 75 Jahren zu 500 französischen Goldfranken rückzahlbar (bis Januar 1958).

Das erlöste Obligationenkapital wurde insbesondere zum Kauf der im amerikanischen Besitz befindlichen Panama-Eisenbahn verwendet (ca. 94 Millionen französische Goldfranken). Der letzte Zinskupon (No.12) der Obligationen wurde im Juli 1888 eingelöst. Farbe: rot. Bewertung: sehr selten, 100-250 €.

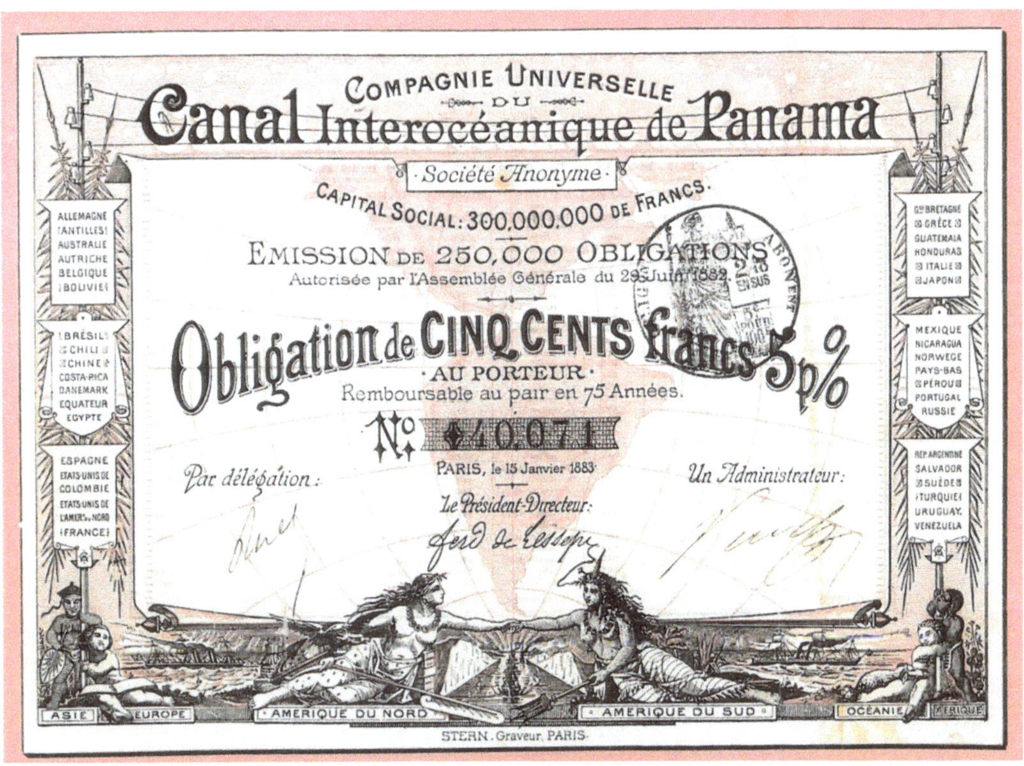

***PA-040: Compagnie Universelle du Canal Interocéanique de Panama,
5% Obligation über 500 französische Goldfranken, ausgegeben 1883 (Ausschnitt).***

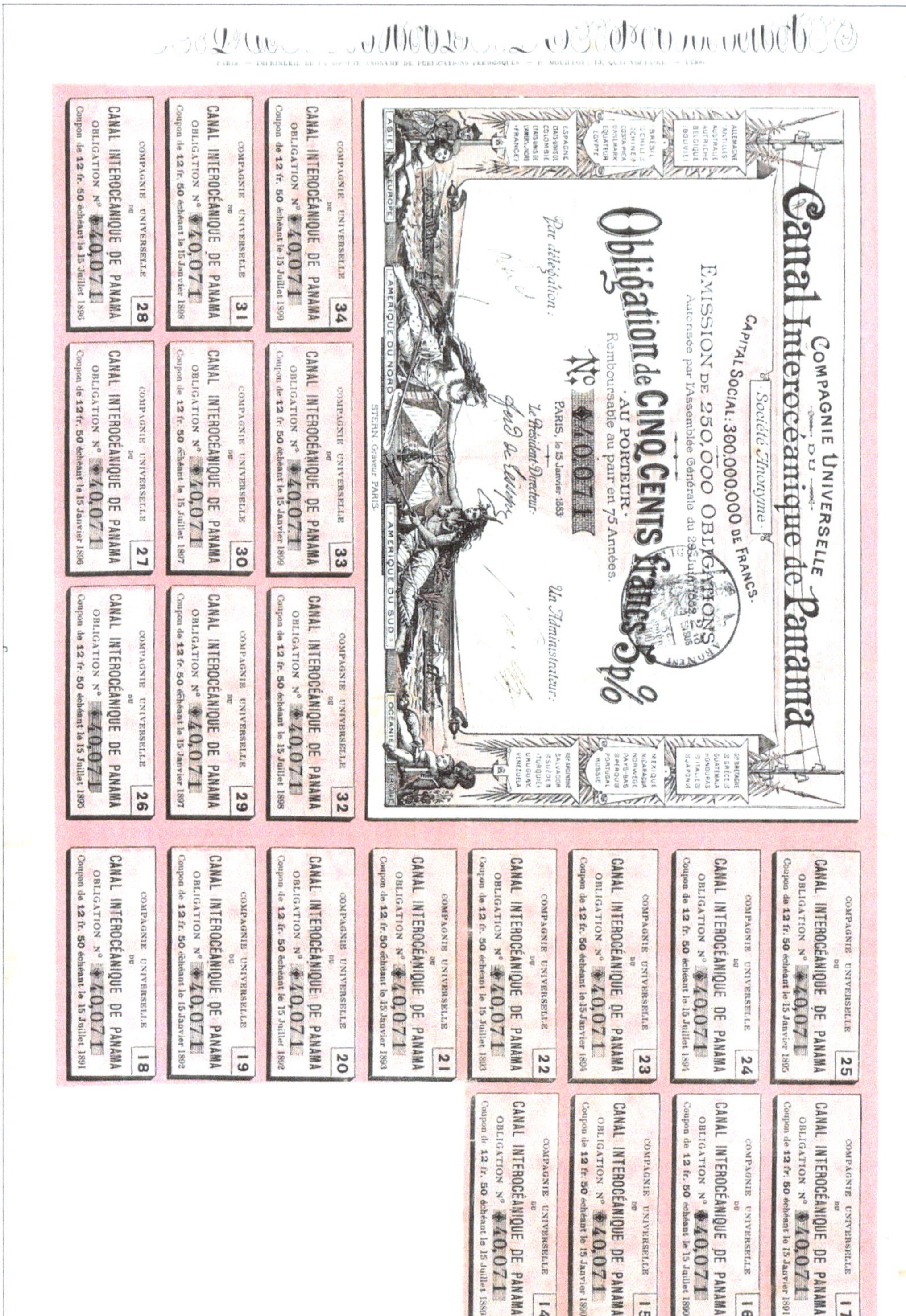

PA-040: Compagnie Universelle du Canal Interocéanique de Panama, 5% Obligation über 500 französische Goldfranken, ausgegeben 1883 (mit Kupons).

PA-050

3% Obligationen von 1884

Die COMPAGNIE UNIVERSELLE DU CANAL INTEROCÉANIQUE DE PANAMA begab ab dem 3. Oktober 1883 3%ige Obligationen (Datum: 1.10.1884/ Zinstermine: 15. April/ 15. Oktober). Die Hauptversammlung der Gesellschaft genehmigte am 29. Juni 1882 diese Emission über geplante 300 Millionen französische Goldfranken, eingeteilt in 600.000 Obligationen über je 500 französische Goldfranken. Alle 600.000 Obligationen wurden ab dem 3.10.1883 zu 285 französischen Goldfranken vom Publikum gezeichnet.

Durch die Anleiheemission flossen der Gesellschaft insgesamt 171 Millionen französische Goldfranken zu. Bis 1888 wurden an die Inhaber dieser Schuldtitel 33.540.000 französische Goldfranken an Zinsen gezahlt. 9.110 Anleihestücke wurden bis 1888 getilgt (4.555.000 französische Goldfranken).

Die Obligationen waren innerhalb von 75 Jahren zu 500 französischen Goldfranken rückzahlbar (bis 1959). Der letzte Zinskupon (No.8) der Obligationen wurde im Oktober 1888 eingelöst. Farbe: grün. Bewertung: selten, 60-120 €.

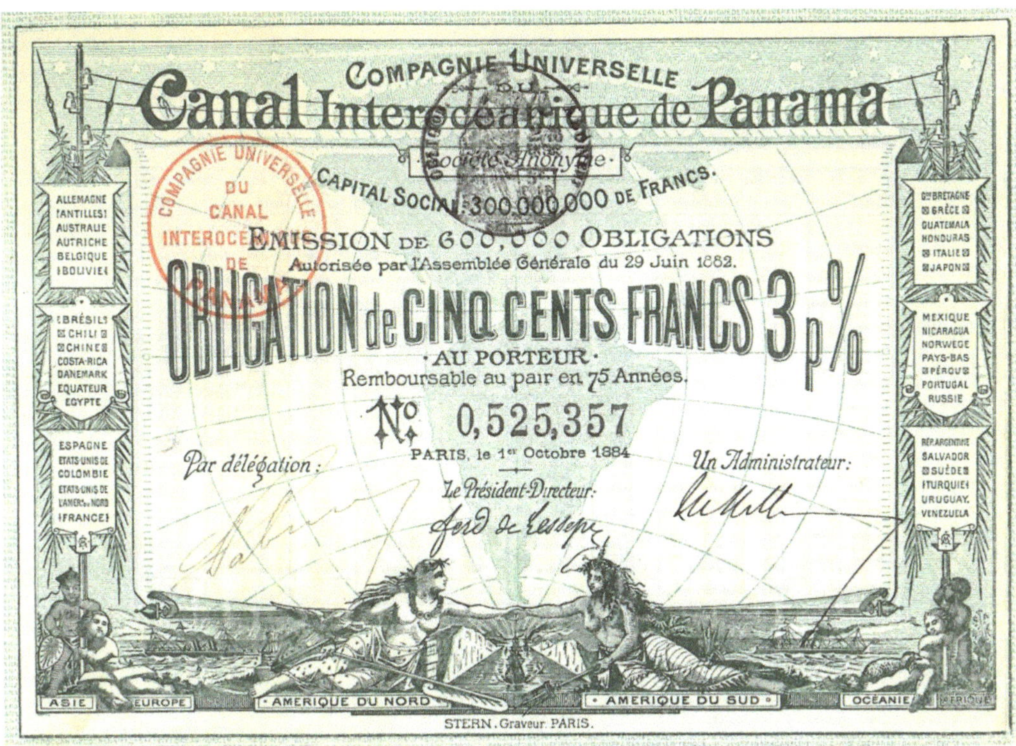

PA-050: Compagnie Universelle du Canal Interocéanique de Panama,
3% Obligation über 500 französische Goldfranken, ausgegeben 1884 (Ausschnitt).

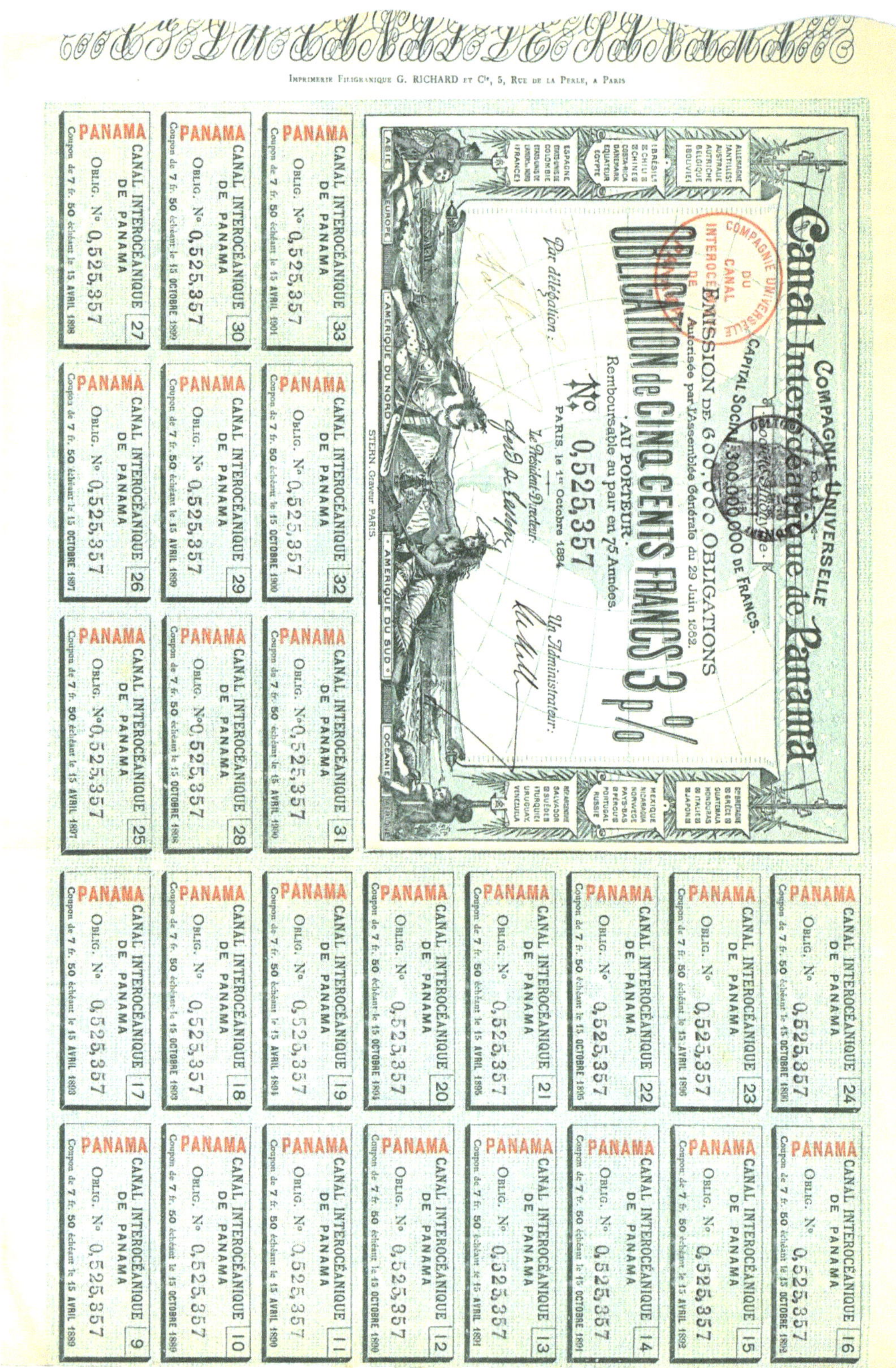

PA-050: Compagnie Universelle du Canal Interocéanique de Panama,
3% Obligation über 500 französische Goldfranken, ausgegeben 1884 (mit Kupons).

COMPAGNIE UNIVERSELLE
DU

CANAL INTEROCÉANIQUE DE PANAMA

SOUSCRIPTION PUBLIQUE
A

600,000 Obligations de 500 Francs

RAPPORTANT **15 FRANCS** PAR AN

Payables semestriellement les 15 Avril et 15 Octobre

REMBOURSABLES A **500** FRANCS EN SOIXANTE-QUINZE ANS

Émission autorisée par l'Assemblée générale du 29 Juin 1882

Prix d'Émission : 285 Francs

PAYABLES COMME SUIT :

		SOMMES NETTES A VERSER (impôts déduits)
20 fr.	en souscrivant	20 fr. »
30 »	à la répartition (contre remise d'un titre provisoire)	30 »
50 »	du 20 au 25 décembre 1883, *sous déduction des intérêts acquis*	49 57
50 »	du 20 au 25 février 1884, — — —	49 27
50 »	du 20 au 25 mai 1884, — — —	48 28
50 »	du 20 au 25 août 1884, — — —	47 70
35 »	le 15 octobre 1884, contre remise du titre définitif muni du coupon à échoir le 15 avril 1885, *sous déduction des intérêts acquis*	33 32
285 fr.	Net à payer	278 fr. 14

Pendant la période des versements il sera tenu compte aux souscripteurs, sur le montant des sommes versées, et en déduction de leurs versements, d'un intérêt de 5 0/0 l'an.

Les souscripteurs auront à toute époque, à partir de la répartition, la faculté d'anticiper la totalité des versements ultérieurs.

Au prix de l'émission, ces titres représentent un revenu de **5 1/4 p. 0/0**, sans compter la prime résultant du remboursement à 500 francs, laquelle s'élève à **215** francs.

La Souscription sera ouverte le 3 Octobre 1883 et close le même jour

A PARIS :

A la Compagnie Universelle du Canal Interocéanique, 46, rue Caumartin.

A la Cie Universelle du Canal de Suez, 9, rue Charras.

Au Comptoir d'Escompte de Paris, 14, rue Bergère.

A la Société Générale de Crédit Industriel et Commercial, 72, rue de la Victoire.

A la Société de Dépôts et de Comptes courants, 2, place de l'Opéra.

A la Société Générale *pour favoriser le développement du Commerce et de l'Industrie en France*, 54, rue de Provence.

A la Banque de Paris et des Pays-Bas, 3, rue d'Antin.

Au Crédit Lyonnais, 19, boulevard des Italiens.

A la Banque d'Escompte de Paris, place Ventadour.

Et dans leurs bureaux de quartiers, à leurs agences et chez leurs correspondants en France et à l'Étranger.

A NEW-YORK :

Au Siège du Comité Américain de la Compagnie du Canal Interocéanique de Panama.

ON PEUT SOUSCRIRE DÈS A PRÉSENT PAR CORRESPONDANCE

N. B. — *Un droit de préférence est accordé, sur la production de leurs titres, aux porteurs d'Actions et d'Obligations* 5 °/° *de la* **Compagnie du Canal Interocéanique**, *à raison de une Obligation pour deux Actions ou deux Obligations.*

Les titres devront être présentés à l'un des guichets désignés ci-dessus où ils seront frappés d'une estampille constatant qu'ils ont usé de leur droit de souscription.

Les titres qui ne sont pas réservés par préférence aux Actionnaires et Obligataires de la Compagnie et le solde des Obligations sur lesquelles ce droit de préférence n'aurait pas été exercé, seront répartis entre tous les souscripteurs indistinctement, au prorata du nombre des titres souscrits par eux, sans toutefois que la Compagnie soit tenue d'attribuer des fractions d'Obligations.

CONDITIONS GÉNÉRALES DE LA SOUSCRIPTION

Les titres provisoires attribués aux Souscripteurs après la répartition seront au porteur. Ils seront délivrés à la caisse où la souscription aura été faite.

Les versements successifs sur les Obligations provisoires seront reçus au siège de la Compagnie, aux guichets des Sociétés de crédit désignés ci-dessus et chez leurs correspondants en France et à l'Etranger.

Après libération, les Obligations provisoires seront échangées contre des Obligations définitives, dont les numéros participeront seuls aux tirages d'amortissement.

Les titres provisoires sur lesquels les versements exigibles n'auraient pas été effectués seront passibles d'un intérêt de retard de 6 °/°, et pourrront être vendus à la Bourse de Paris, sans mise en demeure, un mois après l'échéance du terme dû, pour le compte et aux frais et risques des retardaires.

Les Obligations non entièrement libérées à l'époque des tirages ne pourront profiter du bénéfice de ces tirages auxquels les Obligations entièrement libérées seront seules appelées à participer.

Les titres définitifs seront munis de coupons semestriels de 7 fr. 50, aux échéances des 15 avril et 15 octobre, payables au siège social de la Compagnie, à Paris, et chez ses correspondants, en France et à l'Etranger.

L'amortissement s'effectuera en soixante-quinze ans, par voie de tirages semestriels. Le premier tirage d'amortissement aura lieu le 1er avril 1885, et le premier remboursement, le 15 du même mois en même temps que le payement du Coupon.

Le tableau d'amortissement déterminera le nombre minimum des Obligations à rembourser à chaque tirage, mais la Compagnie se réserve le droit d'augmenter ce nombre.

Les formalités nécessaires pour l'admission des Obligations à la Cote officielle seront remplies aussitôt après la clôture de la souscription.

T. S. V. P.

Compagnie Universelle du Canal Interocéanique de Panama, Emissionsprospekt für die 3%igen Obligationen von 1884.

PA-060

4% Obligationen von 1884

Die COMPAGNIE UNIVERSELLE DU CANAL INTEROCEANIQUE DE PANAMA begab ab dem 25. September 1884 4%ige Obligationen (Datum: 1.10.1884/ Zinstermine: 1. April/ 1. Oktober). Die Hauptversammlung der Gesellschaft genehmigte am 29. Juni 1882 diese Emission über 193.693.500 französische Goldfranken, eingeteilt in 387.387 Obligationen über je 500 französische Goldfranken. Alle 387.387 Obligationen wurden ab 25.9.1884 zu 333 französischen Goldfranken vom Publikum gezeichnet.

Durch die Anleiheemission flossen der Gesellschaft insgesamt 128.999.871 französische Goldfranken zu. Bis 1888 wurden an die Inhaber dieser Schuldtitel (einschließlich der 4% Obligationen von 1886) 27.543.760 französische Goldfranken an Zinsen gezahlt. 5.240 Anleihestücke wurden bis 1888 getilgt (2.620.000 französische Goldfranken).

Die Obligationen waren innerhalb von 75 Jahren zu 500 französischen Goldfranken rückzahlbar (bis April 1960). Der letzte Zinskupon (No.8) der Obligationen wurde im Oktober 1888 eingelöst. Farbe: schwarz. Bewertung: Selten, 80-160 €.

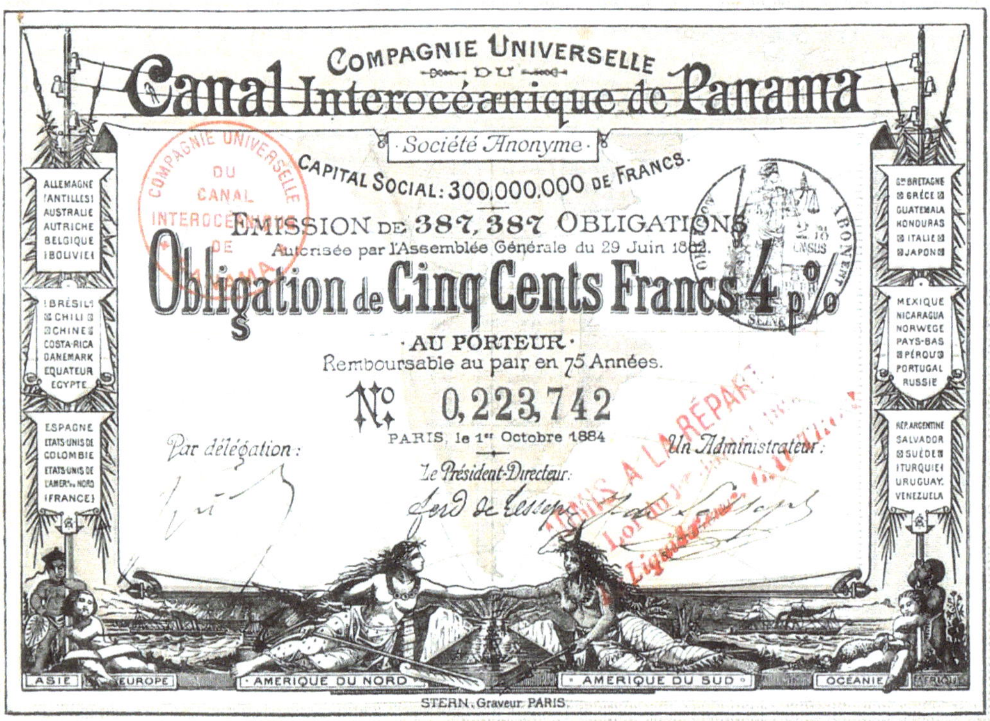

*PA-060: Compagnie Universelle du Canal Interocéanique de Panama,
4% Obligation über 500 französische Goldfranken, ausgegeben 1884 (Ausschnitt).*

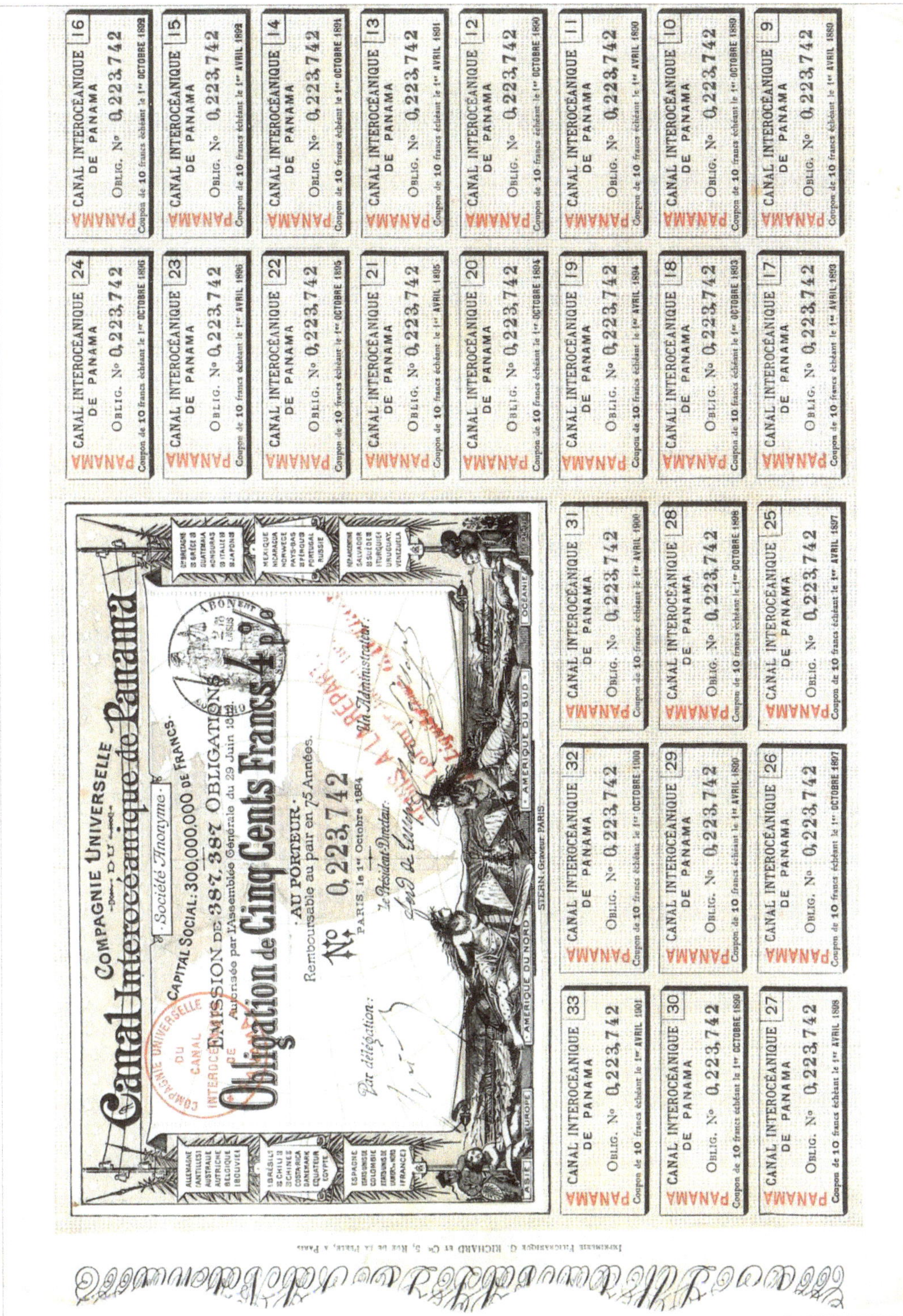

PA-060: Compagnie Universelle du Canal Interocéanique de Panama, 4% Obligation über 500 französische Goldfranken, ausgegeben 1884 (mit Kupons).

PA-070

4% Obligationen von 1886

Die COMPAGNIE UNIVERSELLE DU CANAL INTEROCEANIQUE DE PANAMA begab ab dem 10. April 1886 4%ige Obligationen (Datum: 10.4.1886/ Zinstermine: 1. April/ 1. Oktober). Die Hauptversammlung der Gesellschaft genehmigte am 29. Juli 1885 diese Emission über 45 Millionen französische Goldfranken, eingeteilt in 90.000 Obligationen über je 500 französische Goldfranken (ursprünglich geplant: 362.613 Obligationen). Die 90.000 Obligationen wurden ab 10.4.1886 zu 333 französischen Goldfranken vom Publikum gezeichnet.

Durch die Anleiheemission flossen der Gesellschaft insgesamt 29.970.000 französische Goldfranken zu. Bis 1888 wurden an die Inhaber dieser Schuldtitel (einschließlich der 4% Obligationen von 1884) 27.543.760 französische Goldfranken an Zinsen gezahlt. 5.240 Anleihestücke wurden bis 1888 getilgt (2.620.000 französische Goldfranken).

Die Obligationen waren innerhalb von 74 Jahren zu 500 französischen Goldfranken rückzahlbar (bis April 1960). Der letzte Zinskupon (No.8) der Obligationen wurde im Oktober 1888 eingelöst. Farbe: schwarz. Bewertung: Extrem selten, 200-600 €.

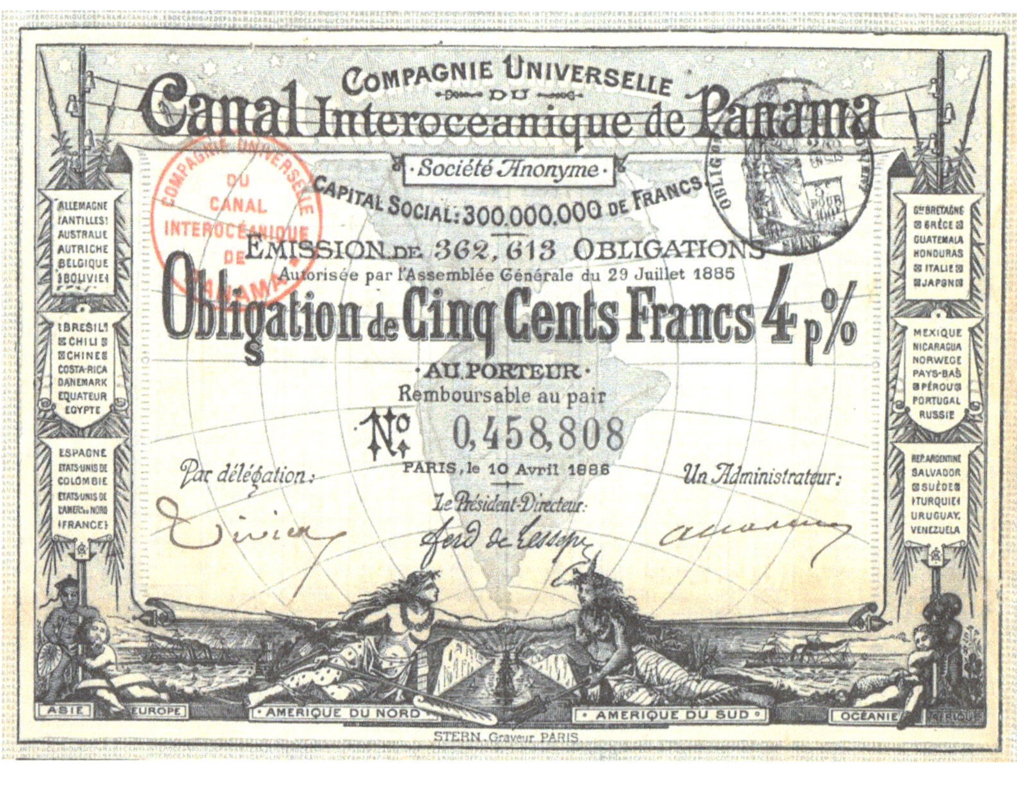

PA-070: Compagnie Universelle du Canal Interocéanique de Panama, 4% Obligation über 500 französische Goldfranken, ausgegeben 1886 (Ausschnitt).

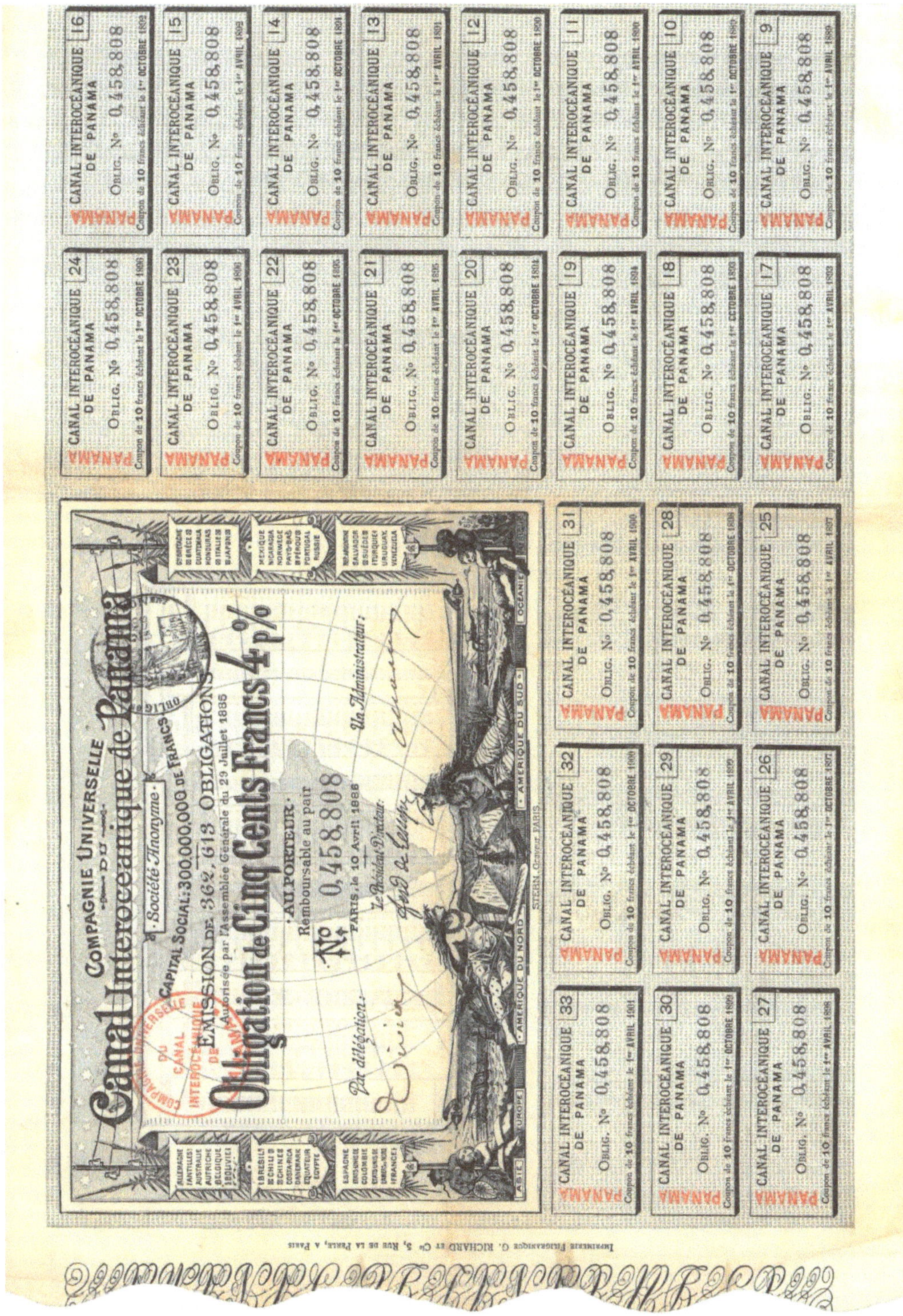

PA-070: Compagnie Universelle du Canal Interocéanique de Panama, 4% Obligation über 500 französische Goldfranken, ausgegeben 1886 (mit Kupons).

PA-080

6% Neue Obligationen von 1886, 1. Serie

Die COMPAGNIE UNIVERSELLE DU CANAL INTEROCÉANIQUE DE PANAMA begab ab dem 3. August 1886 eine erste Serie 6%ige „Neue Obligationen" (Obligations Nouvelles, 1E Serie, Datum: 6.8.1886/ Zinstermine: 15. Februar/ 15. Mai/ 15. August/ 15. November). Die Hauptversammlung der Gesellschaft genehmigte am 29. Juli 1885 diese Emission über 229.401.000 französische Goldfranken, eingeteilt in 458.802 Obligationen über je 1.000 französische Goldfranken Rückzahlungswert. Alle 458.802 Obligationen wurden ab 3.8.1886 zu 450 französischen Goldfranken vom Publikum gezeichnet.

Durch die Anleiheemission flossen der Gesellschaft insgesamt 206.460.900 französische Goldfranken zu. Bis 1888 wurden an die Inhaber dieser Schuldtitel 27.931.635 französische Goldfranken an Zinsen gezahlt. 13.127 Anleihestücke wurden bis 1888 getilgt (13.127.000 französische Goldfranken).

Die „Neuen Obligationen" der 1. Serie waren bis 1928 zu 1.000 französischen Goldfranken rückzahlbar. Der letzte Zinskupon (No.9) der Obligation wurde im November 1888 eingelöst. Farbe: beige. Bewertung: Selten, 80-160 €.

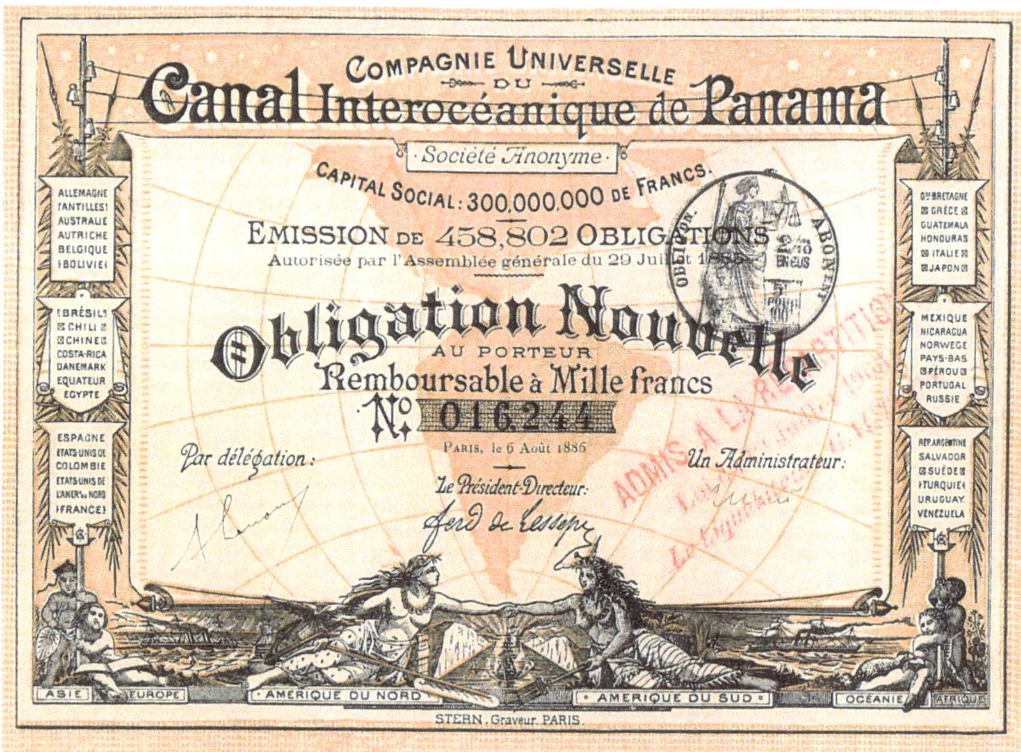

PA-080: Compagnie Universelle du Canal Interocéanique de Panama, 6% Neue Obligation (1. Serie), rückzahlbar mit 1.000 französischen Goldfranken, ausgegeben 1886 (Ausschnitt).

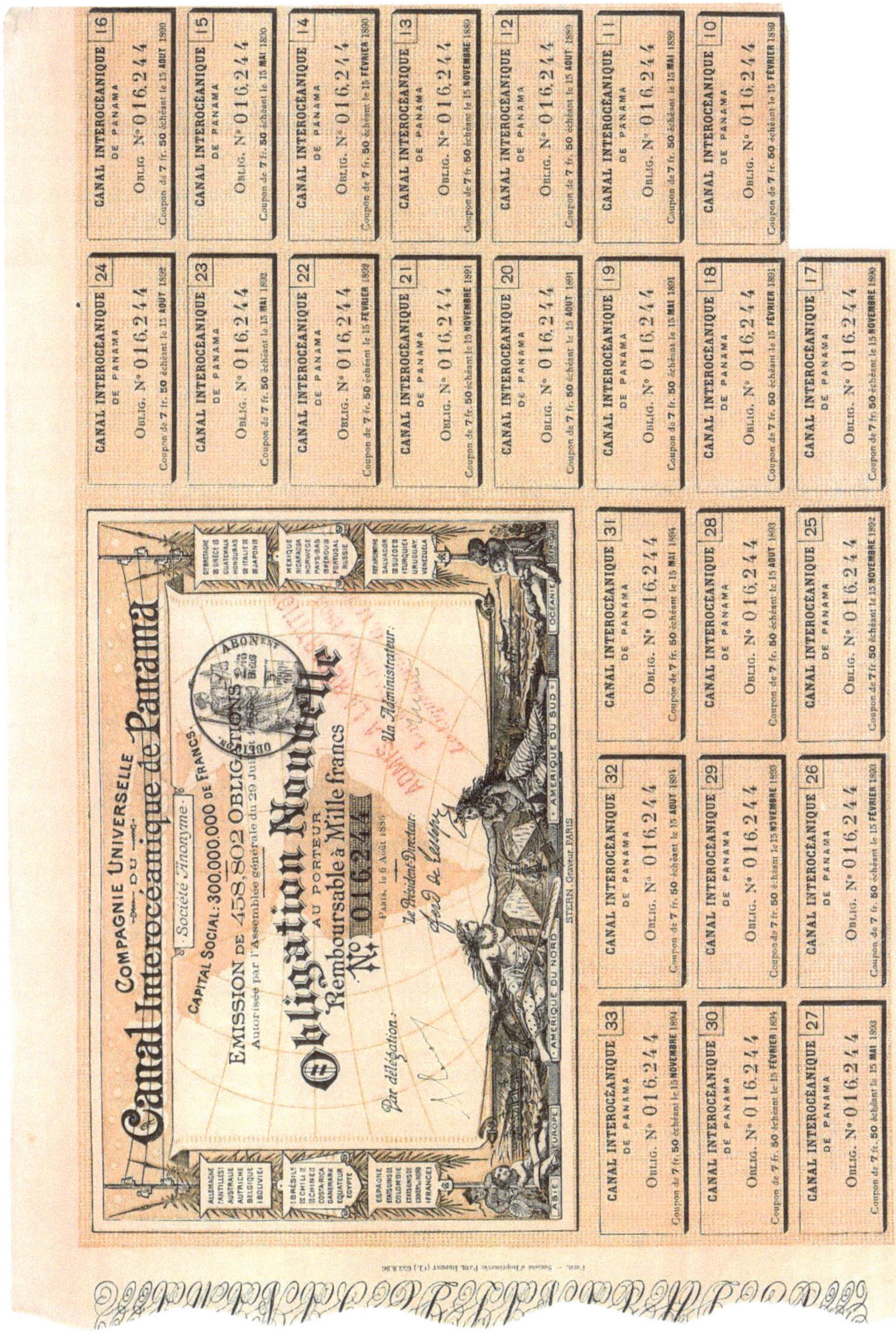

PA-080: Compagnie Universelle du Canal Interocéanique de Panama,
6% Neue Obligation (1. Serie), rückzahlbar mit 1.000 französischen Goldfranken,
ausgegeben 1886 (mit Kupons).

PA-090

6% Neue Obligationen von 1887, 2. Serie

Die COMPAGNIE UNIVERSELLE DU CANAL INTEROCEANIQUE DE PANAMA begab ab dem 15. September 1887 eine zweite Serie 6%ige Neue Obligationen (Obligations Nouvelles, 2E Serie, Datum: 15.9.1887/ Zinstermine: 15. März/ 15. Juni/ 15. September/ 15. Dezember). Die Hauptversammlung der Gesellschaft genehmigte am 29. Juli 1885 diese Emission über 129.443.000 französische Goldfranken, eingeteilt in 258.887 Obligationen über je 1.000 französische Goldfranken Rückzahlungswert (ursprünglich geplant war die Ausgabe von 500.000 Obligationen).

Die 258.887 Obligationen wurden ab 15.9.1887 zu 440 französischen Goldfranken vom Publikum gezeichnet. Durch die Anleiheemission flossen der Gesellschaft insgesamt 113.910.000 französische Goldfranken zu. Bis 1888 wurden an die Inhaber dieser Schuldtitel 7.766.610 französische Goldfranken an Zinsen gezahlt. 7.003 Anleihestücke wurden bis 1888 getilgt (7.003.000 französische Goldfranken). Die Neuen Obligationen der 2. Serie waren innerhalb von 48 Jahren bis 1935 zu 1.000 französischen Goldfranken rückzahlbar. Der letzte Zinskupon (No. 4) der Obligation wurde im September 1888 eingelöst. Farbe: beige. Bewertung: selten, 80-160 €.

PA-090: Compagnie Universelle du Canal Interocéanique de Panama, 6% Neue Obligation (2. Serie), rückzahlbar mit 1.000 französischen Goldfranken, ausgegeben 1887 (Ausschnitt).

PA-090: Compagnie Universelle du Canal Interocéanique de Panama, 6% Neue Obligation (2. Serie), rückzahlbar mit 1.000 französischen Goldfranken, ausgegeben 1887 (mit Kupons).

PA-100

6% Neue Obligationen von 1888, 3. Serie

Die COMPAGNIE UNIVERSELLE DU CANAL INTEROCÉANIQUE DE PANAMA begab ab dem 17. März 1888 eine dritte Serie 6%ige Neue Obligationen (Obligations Nouvelles, 3E Serie, Datum: 14.3.1888/ Zinstermine: 1. März/ 1. Juni/ 1. September/ 1. Dezember). Die Hauptversammlung der Gesellschaft genehmigte am 29. Juli 1885 diese Emission über 44.901.000 französische Goldfranken, eingeteilt in 89.802 Obligationen über je 1.000 französische Goldfranken Rückzahlungswert (ursprünglich geplant waren 350.000 Obligationen). Die 89.802 Obligationen wurden ab 14.3.1888 zu 460 französischen Goldfranken vom Publikum gezeichnet. Durch die Anleiheemission flossen der Gesellschaft insgesamt 34.997.635 französische Goldfranken zu. Die Neuen Obligationen der 3. Serie waren innerhalb von 76 Jahren bis 1964 zu 1.000 französischen Goldfranken rückzahlbar. Die Rückzahlung dieser Obligationen wurde durch einen Sicherheitsfonds der im März 1888 gegründeten „Société Civile d`Amortisation des Obligations du Canal de Panama (émission de mars 1888)" garantiert. Der letzte Zinskupon (No.3) der Obligation wurde im Dezember 1888 eingelöst. Farbe: beige. Bewertung: ohne Kupons selten, 20-50 €/ mit Kupons extrem selten, Liebhaberwert 400-1.000 €.

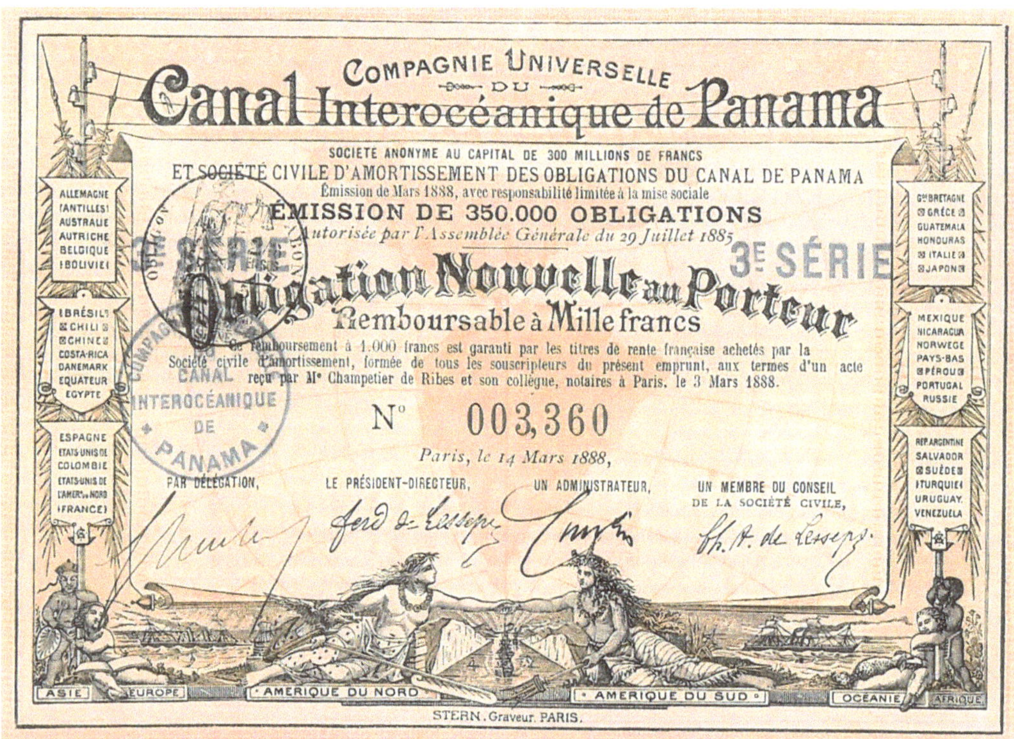

PA-100: Compagnie Universelle du Canal Interocéanique de Panama, 6% Neue Obligation (3. Serie), rückzahlbar mit 1.000 französischen Goldfranken, ausgegeben 1888 (Ausschnitt).

PA-100: Compagnie Universelle du Canal Interocéanique de Panama, 6% Neue Obligation (3. Serie), rückzahlbar mit 1.000 französischen Goldfranken, ausgegeben 1888 (mit Kupons).

PA-110

4% Lotterieanleihen (Obligations à lots) von 1888

Die COMPAGNIE UNIVERSELLE DU CANAL INTEROCEANIQUE DE PANAMA begab 1888 eine 4%ige Lotterieanleihe (Obligations à lots, Datum: 16.6.1888). Ursprünglich geplant war die Ausgabe von 2 Millionen Obligationen über je 360 französische Goldfranken (geplanter Erlös: 720 Millionen französische Goldfranken).

Tatsächlich platziert wurden seinerzeit lediglich 340,6 Millionen französische Goldfranken, d.h. 851.500 Obligationen. Die Zertifikate der Lotterieanleihe von 1888 wurden ab 26. Juni 1888 zu 360 französischen Goldfranken emittiert und waren rückzahlbar innerhalb von 99 Jahren durch Auslosung zu 400 französischen Goldfranken oder ein Mehrfaches davon (bis 1987; jeweils 6 Ziehungen/Jahr). Durch die Anleiheemission flossen der Gesellschaft insgesamt 101.345.520 französische Goldfranken zu.

Die Amortisation dieser Lotterieanleihe wurde durch den Sicherheitsfonds „Société civile avec responsabilité limitée à la mise sociale pour l`amortissement des obligations à lots du canal de Panama (émission du juin 1888)“ garantiert. Für jede gezeichnete Obligation wurden 60 französische Goldfranken an diese „Société Civile“ abgeführt.

Insgesamt flossen 51.090.000 französische Goldfranken in den Sicherheitsfonds. 1830 Lotterieanleihen im Wert von 15.380.000 französischen Goldfranken wurden von der „Société Civile“ bis 1892 ausgelost (einschließlich der Lotteriescheine von 1889). Die Obligations à lots sind lediglich als Zwischenschein „Titre Provisoire au porteur négociable“ ausgefertigt worden. Farbe: rot. Bewertung: Verfügbar, 20-40 €.

PA-110: Compagnie Universelle du Canal Interocéanique de Panama, 4%ige Lotterieanleihe von 1888 (Obligations à lots, Datum: 16.6.1888).

COMPAGNIE UNIVERSELLE DU CANAL INTEROCÉANIQUE DE

PANAMA

PRÉSIDENT-DIRECTEUR : **M. FERDINAND DE LESSEPS**

Emprunt de 720 millions

Emprunt autorisé conformément aux prescriptions de la loi du 21 mai 1836, par la loi du 8 juin 1888, mais sans aucune garantie ou responsabilité de l'État.

Souscription publique à Deux Millions d'Obligations à Lots
ÉMISES A 360 FRANCS
RAPPORTANT 15 FRANCS PAR AN
Payables semestriellement les 1er Décembre et 1er Juin de chaque année

REMBOURSABLES PAR DES LOTS OU A 400 FRANCS DANS UN DÉLAI MAXIMUM DE 99 ANS

TABLEAU DES LOTS TIRÉS CHAQUE ANNÉE

6 tirages par an, du 16 Août 1888 au 15 Juin 1913. — **1er tirage le 16 Août 1888**
3 lots de 500.000 fr. — 3 lots de 250.000 fr. — 6 lots de 100.000 fr., etc.

16 Août.	Francs.	15 Octobre.	Francs.	15 Décembre.	Francs.	15 Février.	Francs.	15 Avril.	Francs.	15 Juin.	Francs.
1 lot de	500.000	1 lot de	250.000	1 lot de	500.000	1 lot de	250.000	1 lot de	500.000	1 lot de	250.000
1 —	100.000	1 —	100.000	1 —	100.000	1 —	100.000	1 —	100.000	1 —	100.000
2 lots de 10.000.	20.000	2 lots de 10.000.	20.000	2 lots de 10.000.	20.000	2 lots de 10.000.	20.000	2 lots de 10.000.	20.000	2 lots de 10.000.	20.000
2 — 5.000.	10.000	2 — 5.000.	10.000	2 — 5.000.	10.000	2 — 5.000.	10.000	2 — 5.000.	10.000	2 — 5.000.	10.000
5 — 2.000.	10.000	5 — 2.000.	10.000	5 — 2.000.	10.000	5 — 2.000.	10.000	5 — 2.000.	10.000	5 — 2.000.	10.000
50 — 1.000.	50.000	50 — 1.000.	50.000	50 — 1.000.	50.000	50 — 1.000.	50.000	50 — 1.000.	50.000	50 — 1.000.	50 000

Par an : **366 lots** s'élevant à Fr. **3.390.000**

4 tirages par an, du 16 août 1913 jusqu'à complet amortissement
2 lots de 500.000 fr. — 2 lots de 250.000 fr. — 4 lots de 100.000 fr., etc.

16 Août	Francs	15 Novembre	Francs	15 Février	Francs.	15 Mai	Francs.
1 lot de..........	500.000	1 lot de..........	250.000	1 lot de..........	500.000	1 lot de	250.000
1 —	100.000	1 —	100.000	1 —	100.000	1 —	100.000
1 —	10.000	1 —	10 000	1 —	10.000	1 —	10 0000
1 —	5.000	1 —	5.000	1 —	5.000	1 —	5 000
5 lots de 2.000....	10.000	5 lots de 2.000....	10.000	5 lots de 2.000....	10.000	5 lots de 2.000....	10.000
50 — 1.000.....	50.000	50 — 1.000.....	50.000	50 — 1.000.....	50.000	50 — 1.000.....	50 000

Par an : **236 lots** s'élevant à Fr. **2.200.000**

Le paiement des lots aura lieu un mois après chaque tirage

Le remboursement à 400 francs et le paiement des lots seront garantis par un dépôt de Rentes françaises ou de Titres garantis par le Gouvernement Français, conformément aux termes ci-après de la loi du 8 juin 1888 (art. 1er, paragraphe 4) :

« *Le remboursement de cet emprunt dans un délai maximum de 99 ans et le paiement des Lots seront* « *garantis par un dépôt suffisant, avec affectation spéciale, de Rentes françaises ou de Titres garantis par le* « *Gouvernement Français.* »

Indépendamment de l'amortissement qui se fera chaque année par le paiement des lots, l'amortissement à 400 francs commencera à partir de 1913.

Le dépôt en Rentes françaises ou Titres garantis par le Gouvernement Français sera administré par une Société civile spéciale, indépendante de la Compagnie de Panama.

Prix d'émission payable comme suit :

		SOMMES NETTES A VERSER	
1er Versement	20 fr. en souscrivant	20 fr.	»
	40 fr. à la répartition (du 5 au 10 juillet 1888).	40	»
2e —	60 fr. du 20 au 25 Août 1888, sous déduction des intérêts acquis à raison de 4 0/0 l'an	59	84
3e —	60 fr. du 5 au 10 Novembre 1888 — —	59	18
4e —	45 fr. du 5 au 10 Février 1889 — —	43	44
5e —	45 fr. du 5 au 10 mai 1889 — —	43	10
6e —	45 fr. du 5 au 10 Août 1889 — —	42	60
7e —	45 fr. du 5 au 10 Novembre 1889. sous déduction des intérêts à raison de 4 0/0 l'an jusqu'au 1er Décembre 1889	41	18
	TOTAL.	349 fr.	34

(timbre compris.)

La Souscription sera ouverte et close le 26 Juin 1888

A la Compagnie Universelle du Canal Interocéanique, 46, rue Caumartin
A la Compagnie Universelle du Canal de Suez, 9, rue Charras.
Au Comptoir d'escompte de Paris, 14, rue Bergère.
A la Société Générale de Crédit Industriel et Commercial, 72, rue de la Victoire.
A la Société de Dépôts et de Comptes courants, 2, place de l'Opéra.
A la Société Générale *pour favoriser le développement du Commerce et de l'industrie en France*, 54, rue de Provence.
A la Banque de Paris et des Pays-Bas, 3, rue d'Antin.
Au Crédit Lyonnais, 19, boulevard des Italiens.
A la Banque d'Escompte de Paris, place Ventadour.
A la Banque Franco-Egyptienne, 3 et 5, rue Saint-Georges.

Et dans leurs bureaux de quartiers, à leurs agences en province et à l'Étranger et chez leurs correspondants en France et à l'Étranger

On peut souscrire dès à présent par correspondance.

Compagnie Universelle du Canal Interocéanique de Panama, Emissionsprospekt zur 4%igen Lotterieanleihe von 1888 (Obligations à lots).

PA-120

Lotteriescheine (Bons à lots) von 1889

Die COMPAGNIE UNIVERSELLE DU CANAL INTEROCEANIQUE DE PANAMA in Liquidation gab ab dem 27. Juli 1889 im Rahmen der staatlich genehmigten Lotterie Lotteriescheine (Bons à lots) aus. Die zinslosen Bons à lots (39.018.200 französische Goldfranken erlöst bis 1892/ 371.602 Bons) wurden zu 105 französischen Goldfranken ausgegeben. Im Jahre 1905 wurden nochmals 670.100 Bons à lots emittiert, um das nach dem Gesetz vom 8. Juni 1888 maximal mögliche Emissionsvolumen von 2 Millionen Lotteriescheinen auszuschöpfen.

Die Amortisation der Lotteriescheine von 1889 wurde, wie die Lotterieanleihen von 1888, durch den Sicherheitsfonds der „Société civile avec responsabilité limitée à la mise sociale pour l`amortissement des obligations à lots du canal de Panama (émission du juin 1888)" garantiert. Die Lotteriescheine wurden - ebenso wie bei der Lotterieanleihe von 1888 - lediglich als Zwischenscheine „Titre Provisoire au porteur négociable" ausgefertigt.

Amortisation: Rückzahlbar innerhalb von 99 Jahren durch Auslosung zu 100 französischen Goldfranken oder ein Mehrfaches davon (6 Ziehungen/Jahr).

Alle Zertifikate tragen den Stempel des Liquidators der französischen Panamakanal-Compagnie, unter anderem mit folgendem Text: Titre placé en vertu de la loi du 15. Juillet 1889 non productive d`intérêts libéré à l`égard de la Société Civile d`amortissement - Le Liquidateur de la Compagnie Universelle du Canal Interocéanique de Panama etc. Farbe: rot. Bewertung: Verfügbar, 20-40 €.

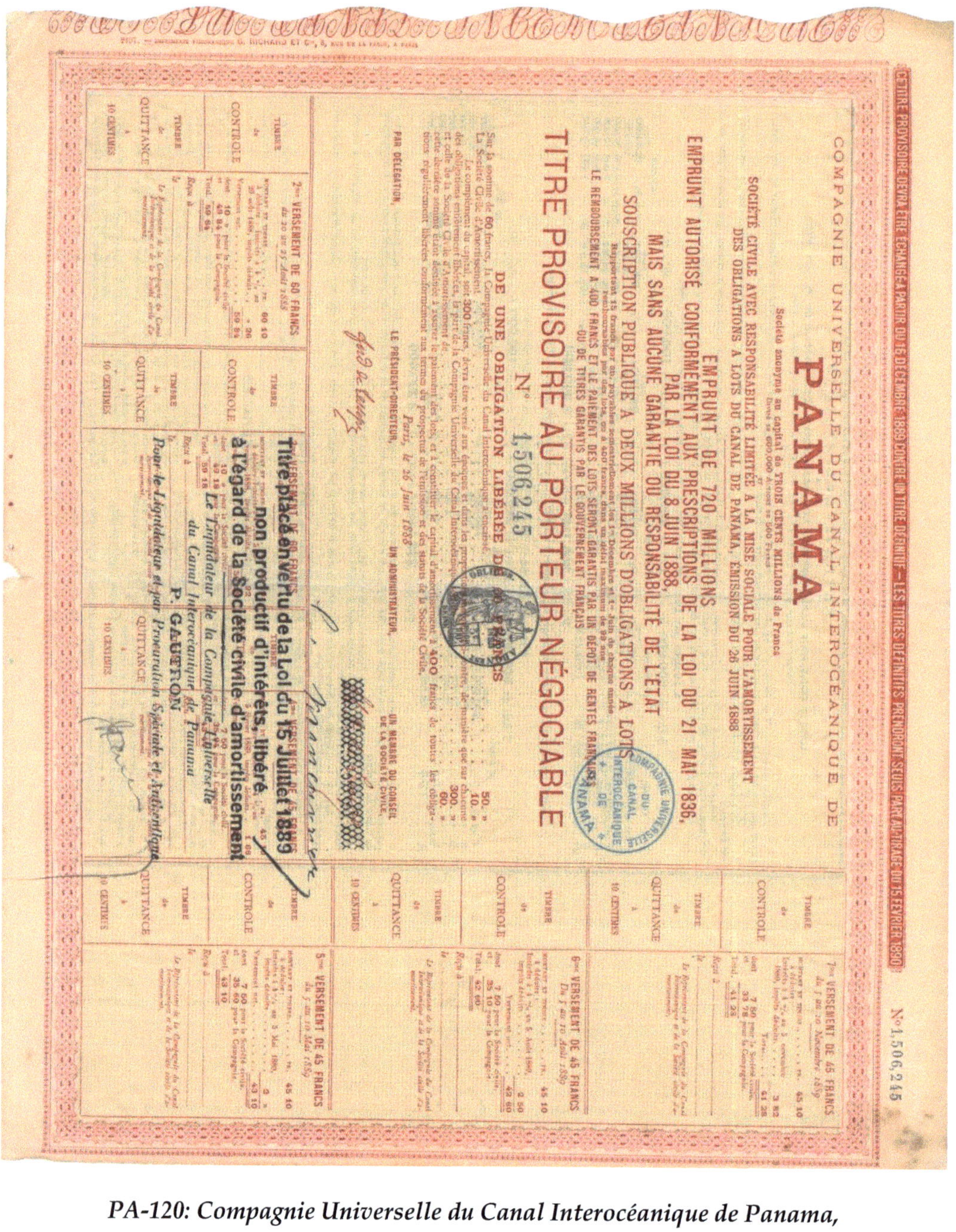
CE TITRE PROVISOIRE DEVRA ÊTRE ÉCHANGÉ A PARTIR DU 15 DÉCEMBRE 1889 CONTRE UN TITRE DÉFINITIF — LES TITRES DÉFINITIFS PRENDRONT SEULS PART AU TIRAGE DU 15 FÉVRIER 1890

COMPAGNIE UNIVERSELLE DU CANAL INTEROCÉANIQUE DE

PANAMA

Société anonyme au capital de TROIS CENTS MILLIONS de francs

SOCIÉTÉ CIVILE AVEC RESPONSABILITÉ LIMITÉE A LA MISE SOCIALE POUR L'AMORTISSEMENT DES OBLIGATIONS A LOTS DU CANAL DE PANAMA, EMISSION DU 26 JUIN 1888

EMPRUNT DE 720 MILLIONS

EMPRUNT AUTORISÉ CONFORMÉMENT AUX PRESCRIPTIONS DE LA LOI DU 21 MAI 1836, PAR LA LOI DU 8 JUIN 1888,

MAIS SANS AUCUNE GARANTIE OU RESPONSABILITÉ DE L'ÉTAT

SOUSCRIPTION PUBLIQUE A DEUX MILLIONS D'OBLIGATIONS A LOTS

LE REMBOURSEMENT A 400 FRANCS ET LE PAIEMENT DES LOTS SERONT GARANTIS PAR UN DÉPOT DE RENTES FRANÇAISES OU DE TITRES GARANTIS PAR LE GOUVERNEMENT FRANÇAIS

TITRE PROVISOIRE AU PORTEUR NÉGOCIABLE

DE UNE OBLIGATION LIBÉRÉE DE 60 FRANCS

N° 1,506,245

Paris, le 26 Juin 1888

PAR DÉLÉGATION LE PRÉSIDENT-DIRECTEUR UN ADMINISTRATEUR UN MEMBRE DU CONSEIL DE LA SOCIÉTÉ CIVILE

Titre placé en vertu de la Loi du 15 Juillet 1889 non productif d'intérêts, libéré à l'égard de la Société civile d'amortissement

Le Liquidateur de la Compagnie Universelle du Canal Interocéanique de Panama

P. GAUTRON

Pour le Liquidateur et par Procuration Spéciale et Authentique

2me VERSEMENT DE 60 FRANCS

5me VERSEMENT DE 45 FRANCS

6me VERSEMENT DE 45 FRANCS

7me VERSEMENT DE 45 FRANCS

TIMBRE de CONTROLE

TIMBRE de QUITTANCE à 10 CENTIMES

N° 1,506,245

PA-120: Compagnie Universelle du Canal Interocéanique de Panama, Lotteriescheine (Bon à lots) von 1889.

Für PA-040 bis PA-120
Zwischenscheine für Obligationen, Lotterieanleihen und Lotteriescheine 1883-1889

Bei den Obligationen (ausgegeben 1883-1888), den Lotterieanleihen von 1888 und den Lotteriescheinen von 1889 wurden von der COMPAGNIE UNIVERSELLE DU CANAL INTEROCÉANIQUE DE PANAMA ab Zeichnungsbeginn Zwischenscheine (auch: Inhaber-Interimsscheine), sogenannte „Titre Provisoire au porteur négociable", ausgegeben.

Auf dem Zwischenschein wurden die Teileinzahlungen je Obligation, Lotterieanleihestück oder Lotterieschein quittiert. Bei Abschluss der Emissionsphase, d.h. nach der letzten Teileinzahlung, wurde das endgültige Obligationszertifikat bzw. Lotteriezertifikat im Umtausch gegen den Zwischenschein ausgegeben.

Zwischenscheine wurden bei den folgenden Emissionen ausgegeben:

- 5% Obligationen 1883 (PA-040)
- 3% Obligationen 1884 (PA-050)
- 4% Obligationen 1884 (PA-060)
- 4% Obligationen 1886 (PA-070)
- 6% Neue Obligationen 1886, 1. Serie (PA-080)
- 6% Neue Obligationen 1887, 2. Serie (PA-090)
- 6% Neue Obligationen 1888, 3. Serie (PA-100)
- 4% Lotterieanleihen (Obligations à lots) von 1888 (PA-110)
- Lotteriescheine (Bons à lots) von 1889 (PA-120)

Bewertung: Extrem selten, meist unausgefüllte Interimsscheine, teilweise bis heute noch nicht bekannt gewordene Stücke, Liebhaberwert 100-500 €.

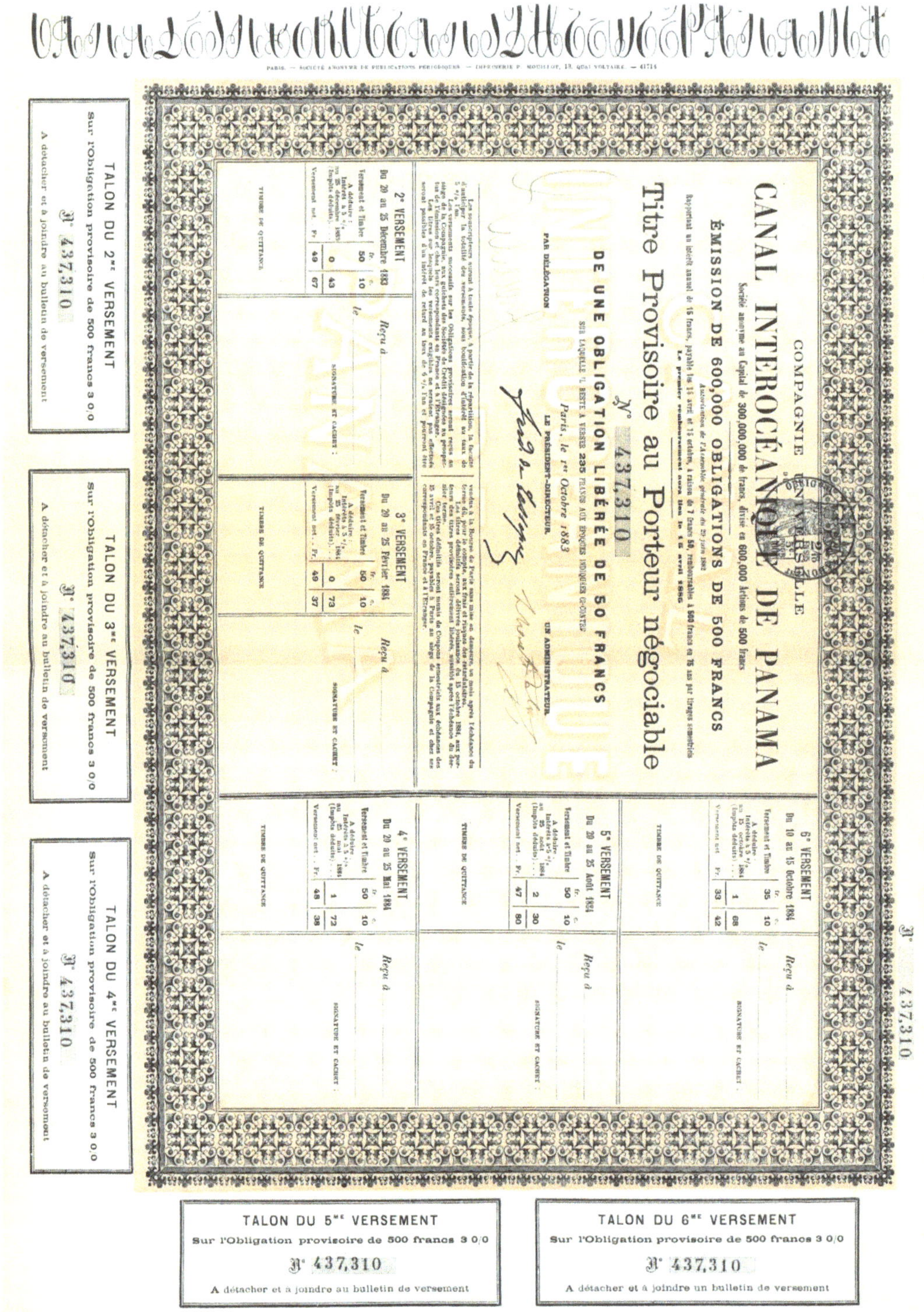

PA-050: Compagnie Universelle du Canal Interocéanique de Panama, Zwischenschein für die 3%ige Obligation von 1884, ausgestellt 1. Oktober 1883.

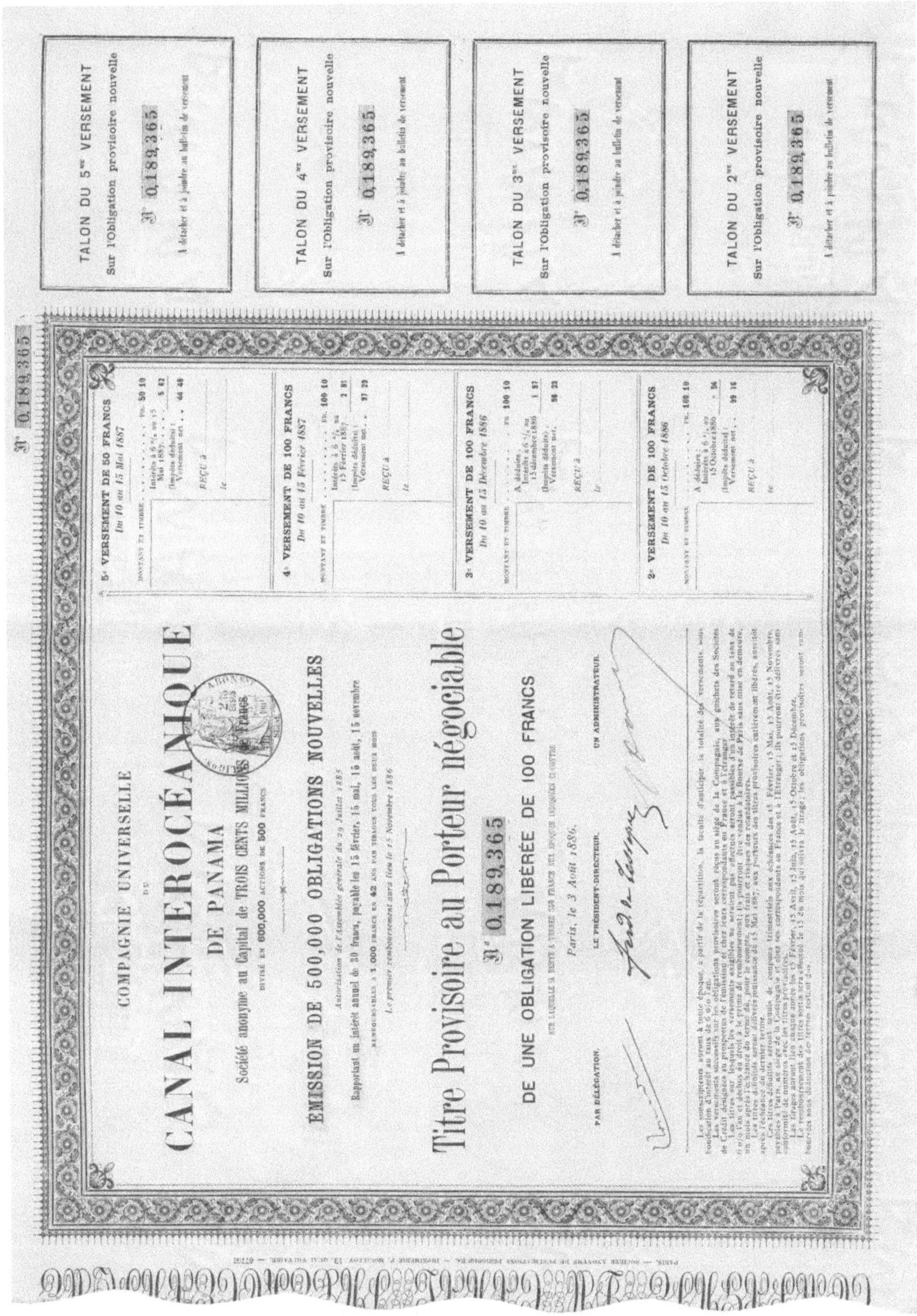

PA-080: Compagnie Universelle du Canal Interocéanique de Panama, Zwischenschein für die 4%ige Neue Obligation von 1886 (1. Serie), ausgestellt 3. August 1886.

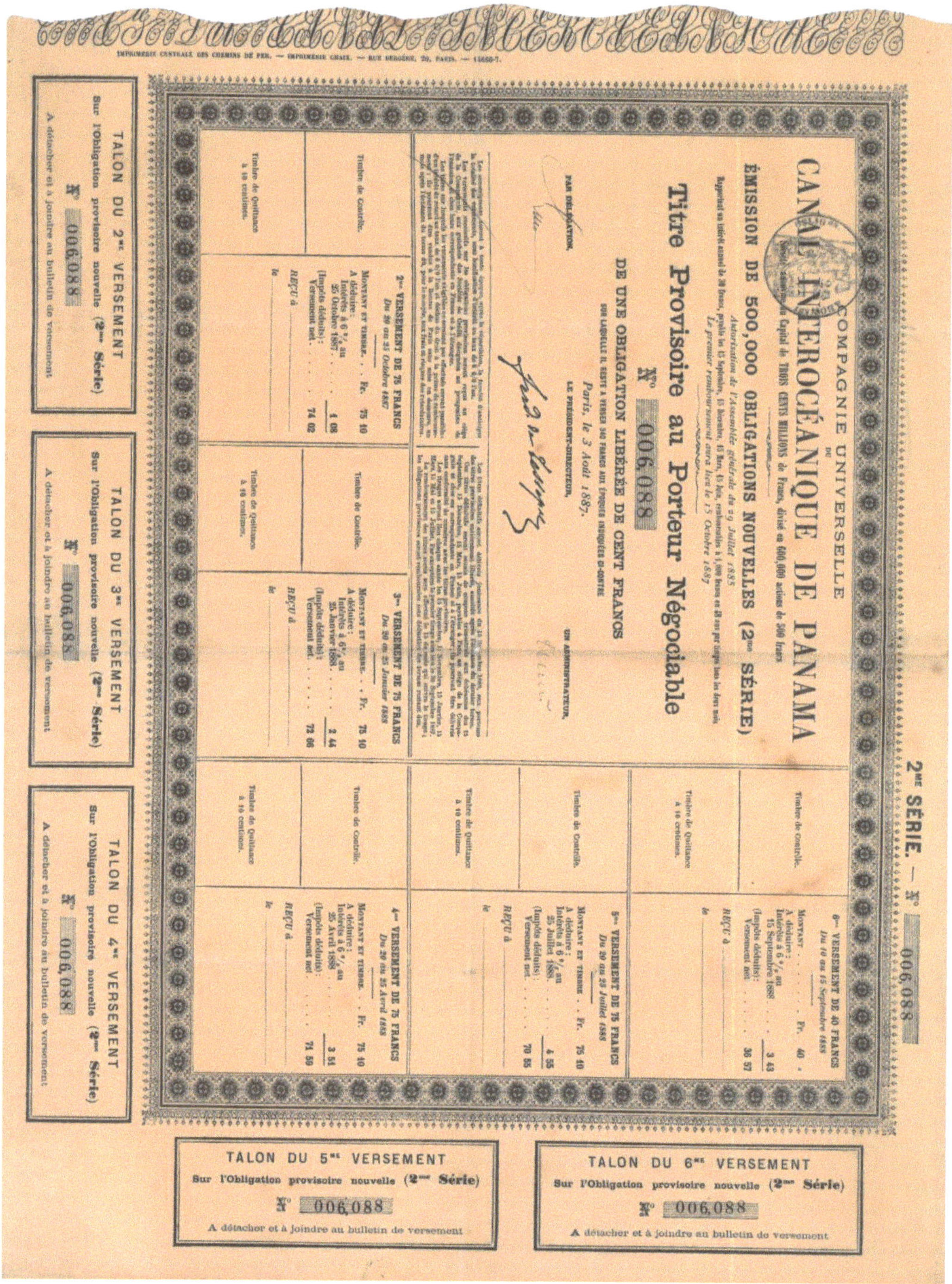

COMPAGNIE UNIVERSELLE DU CANAL INTEROCÉANIQUE DE PANAMA

ÉMISSION DE 500,000 OBLIGATIONS NOUVELLES (2me SÉRIE)

Titre Provisoire au Porteur Négociable

No 006,088

DE UNE OBLIGATION LIBÉRÉE DE CENT FRANCS

Paris, le 3 Août 1887.

2me SÉRIE. — No 006,088

TALON DU 5me VERSEMENT
Sur l'Obligation provisoire nouvelle (2me Série)
No 006,088
A détacher et à joindre au bulletin de versement

TALON DU 6me VERSEMENT
Sur l'Obligation provisoire nouvelle (2me Série)
No 006,088
A détacher et à joindre au bulletin de versement

PA-090: Compagnie Universelle du Canal Interocéanique de Panama, Zwischenschein für die 4%ige Neue Obligation von 1886 (2. Serie), ausgestellt 3. August 1887.

Für PA-040 bis PA-120
Depotzertifikate für Obligationen, Lotterieanleihen und Lotteriescheine (auf den Namen ausgestellt), 1883-1889

Die Obligationen (ausgegeben 1883-1888), die Lotterieanleihe von 1888 und die Lotteriescheine von 1889 der COMPAGNIE UNIVERSELLE DU CANAL INTEROCÉANIQUE DE PANAMA lauten auf den Inhaber. Sie konnten jedoch bei der Gesellschaft deponiert werden, die auf den Namen ausgestellte Depotzertifikate, sogenannte „Certificats d' inscription nominative" dafür ausfertigte. Ein Depotzertifikat konnte auf ein oder mehrere Stücke der gleichen Emission ausgegeben werden.

Depotzertifikate wurden bei den folgenden Emissionen ausgegeben:

- 5% Obligationen 1883 (PA-040)
- 3% Obligationen 1884 (PA-050)
- 4% Obligationen 1884 (PA-060)
- 4% Obligationen 1886 (PA-070)
- 6% Neue Obligationen 1886, 1. Serie (PA-080)
- 6% Neue Obligationen 1887, 2. Serie (PA-090)
- 6% Neue Obligationen 1888, 3. Serie (PA-100)
- 4% Lotterieanleihen (Obligations à lots) von 1888 (PA-110)
- Lotteriescheine (Bons à lots) von 1889 (PA-120)

Bewertung: Extrem selten, teilweise bis heute nicht bekannt gewordene Stücke, Liebhaberwert 100-500 €.

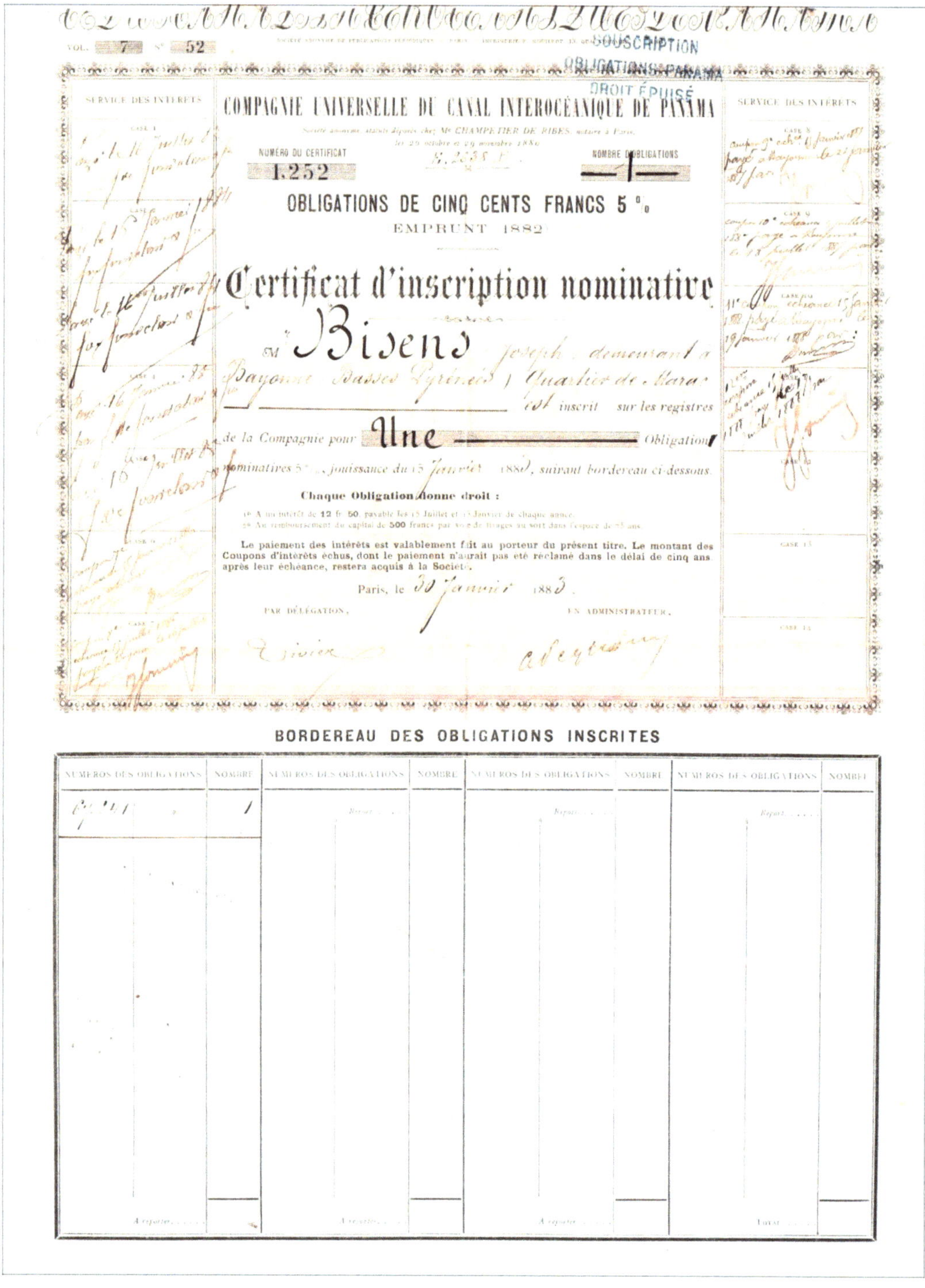
VOL. 7 N° 52

SOUSCRIPTION OBLIGATIONS PANAMA DROIT ÉPUISÉ

SERVICE DES INTÉRÊTS

COMPAGNIE UNIVERSELLE DU CANAL INTEROCÉANIQUE DE PANAMA

NUMÉRO DU CERTIFICAT 1.252

NOMBRE D'OBLIGATIONS 1

OBLIGATIONS DE CINQ CENTS FRANCS 5 %

EMPRUNT 1882

Certificat d'inscription nominative

M. Bisens Joseph demeurant à Bayonne Basses Pyrénées Quartier de Marac est inscrit sur les registres de la Compagnie pour Une Obligation nominatives 5%, jouissance du 15 Janvier 1883, suivant bordereau ci-dessous.

Chaque Obligation donne droit :

Le paiement des intérêts est valablement fait au porteur du présent titre. Le montant des Coupons d'intérêts échus, dont le paiement n'aurait pas été réclamé dans le délai de cinq ans après leur échéance, restera acquis à la Société.

Paris, le 30 Janvier 1883.

PAR DÉLÉGATION, UN ADMINISTRATEUR,

BORDEREAU DES OBLIGATIONS INSCRITES

NUMÉROS DES OBLIGATIONS	NOMBRE	NUMÉROS DES OBLIGATIONS	NOMBRE	NUMÉROS DES OBLIGATIONS	NOMBRE	NUMÉROS DES OBLIGATIONS	NOMBRE
[illegible]	1						

PA-040: Compagnie Universelle du Canal Interocéanique de Panama, Depotzertifikat für eine 5%ige Obligation von 1883, ausgestellt auf Herrn Joseph Bisens in Paris am 30. Januar 1883.

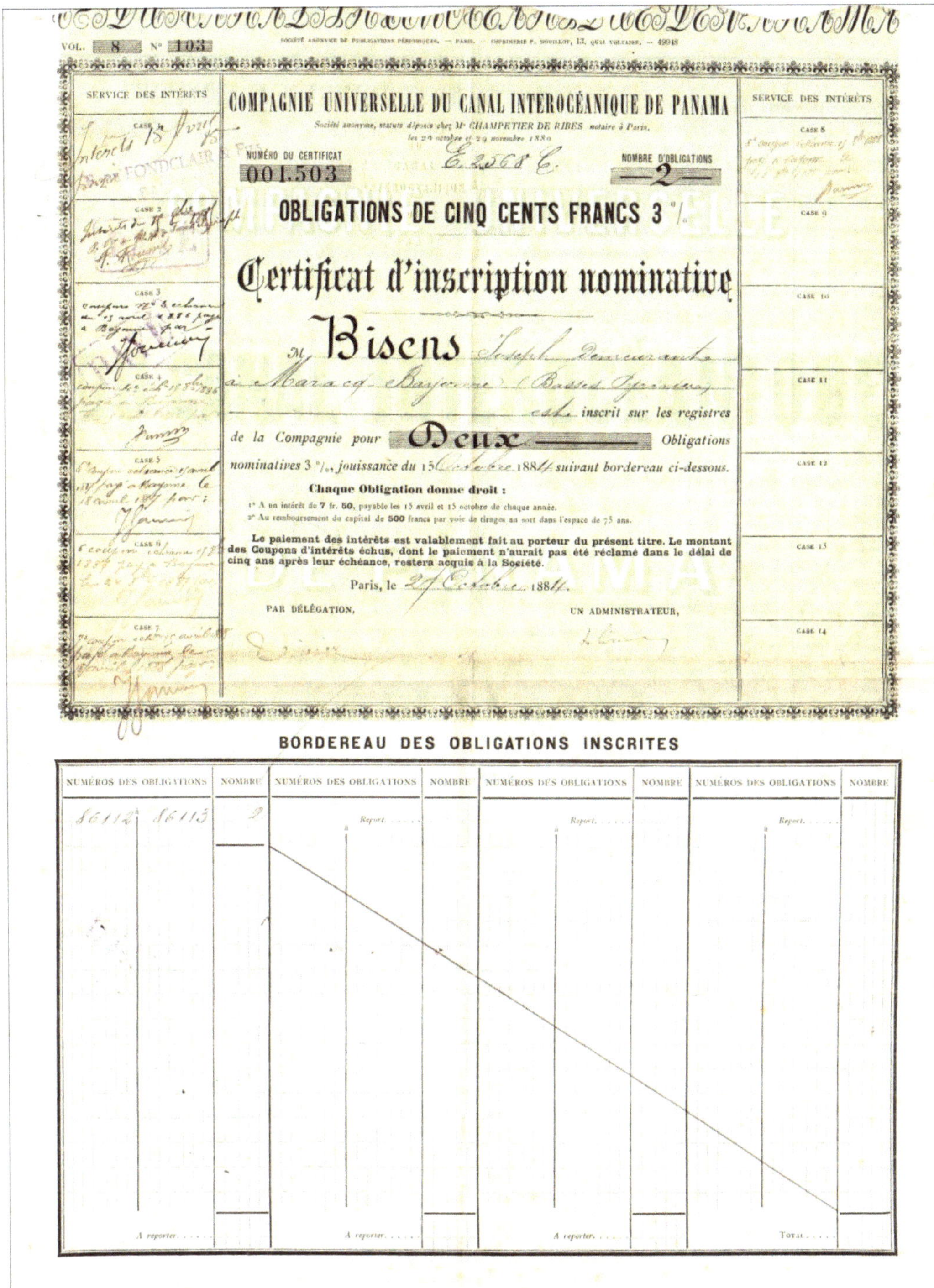

VOL. 8 N° 103

SERVICE DES INTÉRÊTS

COMPAGNIE UNIVERSELLE DU CANAL INTEROCÉANIQUE DE PANAMA

Société anonyme, statuts déposés chez Me CHAMPETIER DE RIBES notaire à Paris, les 20 octobre et 29 novembre 1880

NUMÉRO DU CERTIFICAT 001.503 E.2568 C. NOMBRE D'OBLIGATIONS 2

OBLIGATIONS DE CINQ CENTS FRANCS 3 %

Certificat d'inscription nominative

M Bisens Joseph demeurant à Maracq Bayonne (Basses Pyrénées) est inscrit sur les registres de la Compagnie pour Deux Obligations nominatives 3 % jouissance du 15 Octobre 1884 suivant bordereau ci-dessous.

Chaque Obligation donne droit :

1° A un intérêt de 7 fr. 50, payable les 15 avril et 15 octobre de chaque année.

2° Au remboursement du capital de 500 francs par voie de tirages au sort dans l'espace de 75 ans.

Le paiement des intérêts est valablement fait au porteur du présent titre. Le montant des Coupons d'intérêts échus, dont le paiement n'aurait pas été réclamé dans le délai de cinq ans après leur échéance, restera acquis à la Société.

Paris, le 27 Octobre 1884.

PAR DÉLÉGATION, UN ADMINISTRATEUR,

BORDEREAU DES OBLIGATIONS INSCRITES

NUMÉROS DES OBLIGATIONS	NOMBRE	NUMÉROS DES OBLIGATIONS	NOMBRE	NUMÉROS DES OBLIGATIONS	NOMBRE	NUMÉROS DES OBLIGATIONS	NOMBRE
86112 à 86113	2	Report		Report		Report	
A reporter		A reporter		A reporter		TOTAL	

PA-050: Compagnie Universelle du Canal Interocéanique de Panama, Depotzertifikat für zwei 3%ige Obligationen von 1884, ausgestellt auf Herrn Joseph Bisens in Paris am 27. Oktober 1884.

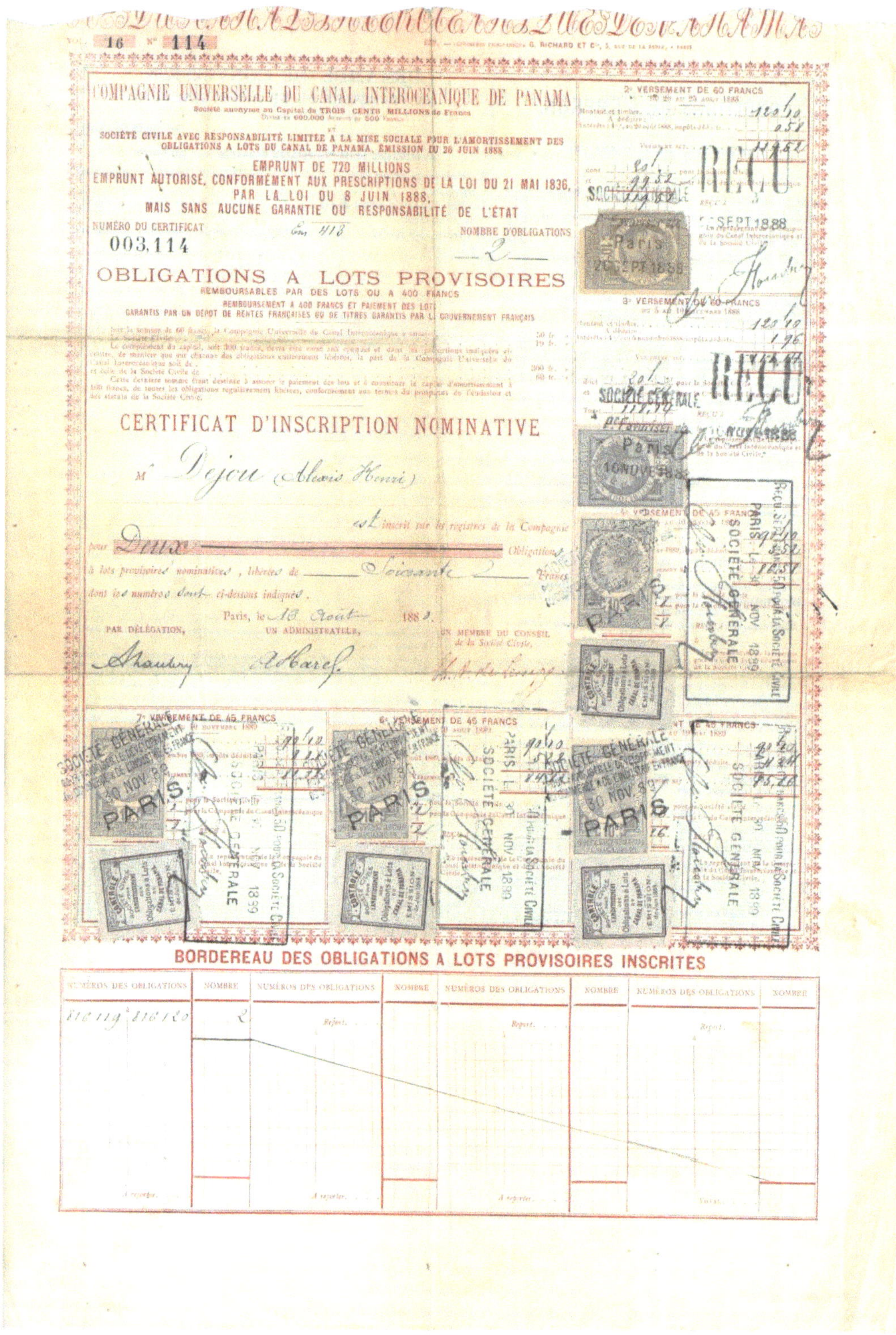

***PA-110:* Compagnie Universelle du Canal Interocéanique de Panama, Depotzertifikat für zwei 4%ige Lotterieanleihen (Obligations à lots) von 1888, ausgestellt auf Herrn Alexis Henri Dejou in Paris am 16. August 1888.**

14. Sautereau`s Gesellschaften 1889/1892

SOCIÉTÉ INTERNATIONALE D` ÉTUDES DU CANAL INTEROCÉANIQUE DE PANAMA (Internationale Studiengesellschaft für den Panamakanal)

Gegründet	11. März 1889 von Gustave Sautereau
Sitz	Paris
Zweck	Herausgabe einer Zeitung namens „L'Avenir du Canal" sowie die Durchführung eines Forschungsprojektes mit dem Ziel der Weiterführung der Arbeiten am französischen Panamakanal.
Rechtsform	Private Beteiligungsgesellschaft (Société en Participation)
Kapital	20.000 Genussscheine ohne Nennwert
Ausgegebene Wertpapiere **PA-130**	**PA-130: Genussscheine ohne Nennwert** über je 1/20.000 Anteil (Part Bénéficiaire) mit verschiedenen Ausgabedaten. Farbe: braun-grau. Bewertung: Selten, 40-100 €.

SOCIÉTÉ D` ÉTUDES ET DE PUBLICATIONS POUR FAVORISER L` ACHÈVEMENT DU CANAL DE PANAMA (Studien- und Publikationsgesellschaft zur Förderung der Fertigstellung des Panamakanals)

Gegründet	9. Mai 1892
Sitz	Paris
Zweck	Weiterführung des Aufgaben der „SOCIETE INTERNATIONALE D` ETUDES DU CANAL INTEROCEANIQUE DE PANAMA"
Rechtsform	Private Beteiligungsgesellschaft (Société en Participation)
Kapital	30.000 Genussscheine ohne Nennwert
Ausgegebene Wertpapiere **PA-140**	**PA-140: 30.000 Genussscheine ohne Nennwert** über je 1/30.000 Anteil (Parts Bénéficiaire) vom 10. Mai 1892. Farbe : beige-rot. Bewertung: Selten, 60-120 €.

SOCIÉTÉ INTERNATIONALE D'ÉTUDES
Société en Participation
Constituée suivant acte sous seing privé
Enregistré à Paris, le 11 Mars 1889.
SIÈGE DE LA PARTICIPATION: 3, Rue Louis-le-Grand, PARIS
POUR L'ACHÈVEMENT
PART BÉNÉFICIAIRE
DONNANT DROIT À UN VINGT MILLIÈME DES BÉNÉFICES SOCIAUX
Conformément aux articles 7 et suivants des Statuts
TITRE AU PORTEUR
N° 01,809
Délivré le mil huit cent quatre vingt
Le Directeur
Sautereau
DU CANAL INTEROCÉANIQUE DE PANAMA

PA-130: ***Société internationale d` études du canal interocéanique de Panama, Genussschein Nummer 1809 (Part Bénéficiaire) über 1/20.000 Anteil ohne Nennwert, ausgestellt in Paris am 29. Juli 1889. Originalsignatur: Sautereau.***

PANAMA-CANAL
SOCIÉTÉ D'ÉTUDES ET DE PUBLICATIONS
POUR FAVORISER
L'ACHÈVEMENT DU CANAL DE PANAMA
SOCIÉTÉ EN PARTICIPATION CONSTITUÉE SUIVANT ACTE
Enregistré à Paris, le 9 mai 1892
BUREAU DE LA PARTICIPATION: 14, RUE TAITBOUT, PARIS
PART BÉNÉFICIAIRE
Donnant droit à un trente millième des Bénéfices sociaux conformément aux articles 7 et suivants des Statuts
Titre au Porteur N° 7,766
Paris, le dix mai mil huit cent quatre-vingt-douze.
Le Président du Comité,
Le Directeur-Gérant,

PA-140: ***Société d` études et de publications pour favoriser l` achèvement du Canal de Panama, Genussschein Nummer 7766 (Part Bénéficiaire) über 1/30.000 Anteil ohne Nennwert, ausgestellt in Paris am 10. Mai 1892.***

15. Société Française des Chemins de Fer a Navires 1890

Société Française des Chemins de Fer a Navires (Französische Gesellschaft für Schiffseisenbahnen)

Gegründet	1890
Sitz	Paris
Zweck	Durchführung von Studien zur Erlangung einer Konzession zum Weiterbau des Panamakanals und die Integration einer Schiffseisenbahn über den Isthmus von Panama nach dem 1887 bzw. 1890 in Frankreich patentierten „Système Amédée Sébillot".
Rechtsform	Private Gesellschaft in Gründung (Société Civile de Fondation)
Kapital	Die Gesellschaft begab 2.000 Anteilscheine ohne Nennwert. Rechts unten auf den Wertpapieren: Original-Signatur von Amédée Sébillot als Directeur Général.
Ausgegebene Wertpapiere **PA-150**	**2.000 Genussscheine ohne Nennwert** über je 1/2.000 Anteil (Part de Fondateur) vom 11. Februar 1890. Farbe: orange. Bewertung: Extrem selten, Liebhaberwert 300-1000 €.

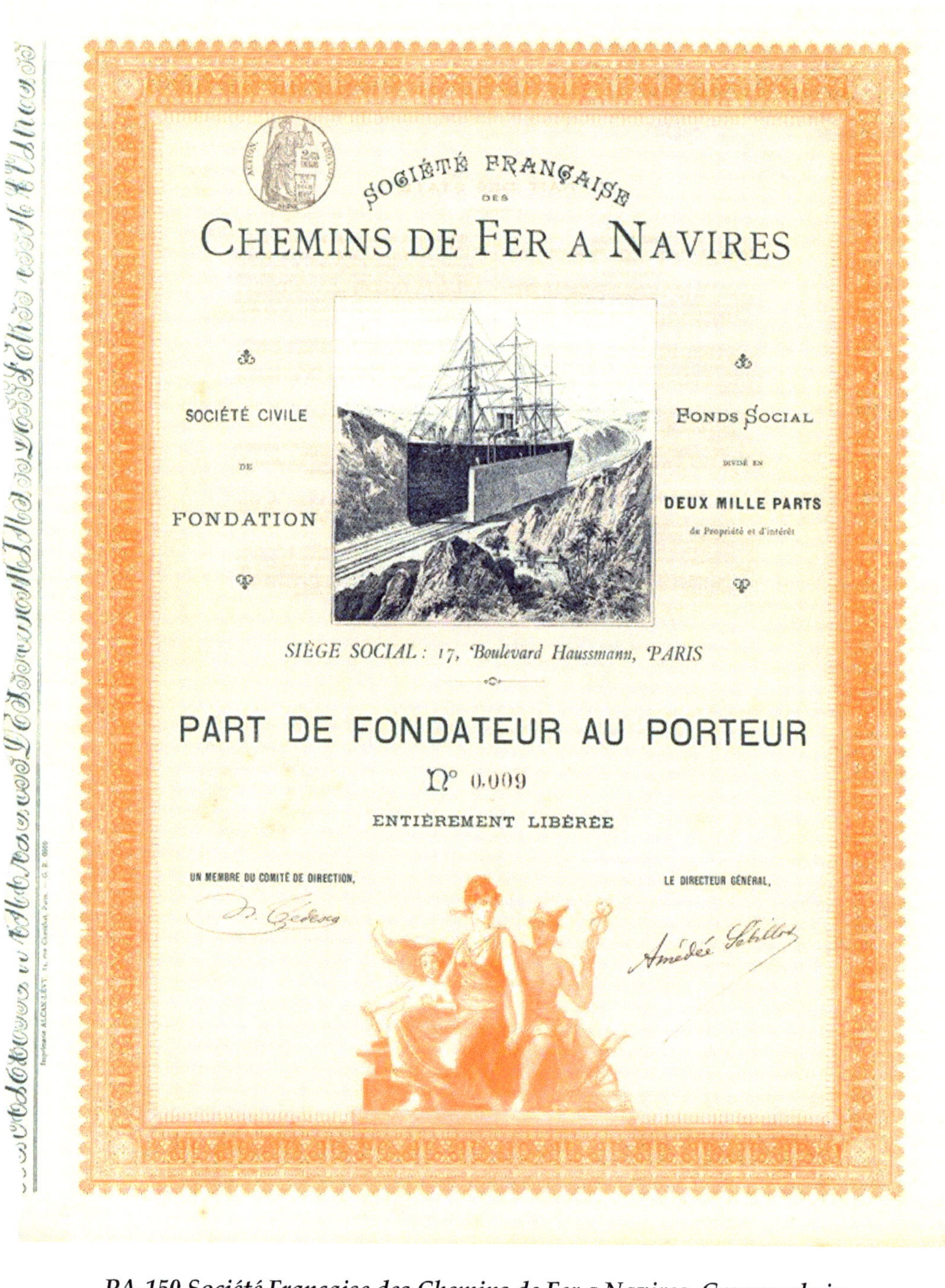

PA-150 Société Française des Chemins de Fer a Navires, Genussschein (Part de Fondateur), ausgestellt in Paris 1890.

16. Compagnie Nouvelle du Canal de Panama 1894

COMPAGNIE NOUVELLE DU CANAL DE PANAMA (Neue Panamakanal-Compagnie)

Gegründet	26. Juni 1894
Sitz	Paris
Zweck	Auffanggesellschaft zur Erhaltung der vorhandenen Aktiva der liquidierten Panamakanal-Gesellschaft „Compagnie Universelle du Canal Interocéanique de Panama" sowie zur Aufrechterhaltung der Konzessionsverträge mit Kolumbien.
Rechtsform	Französische Aktiengesellschaft
Kapital	65 Millionen französische Goldfranken eingeteilt in 650.000 Inhaberaktien über je 100 französische Goldfranken.
Ausgegebene Wertpapiere **PA-160**	**PA-160: Inhaberaktien 1894 (Actions au Porteur)** der COMPAGNIE NOUVELLE DU CANAL DE PANAMA vom 16. Juni 1894 über je 100 französische Goldfranken. Zur öffentlichen Subskription aufgelegt wurde am 22. September 1894 ein Kapital von 30 Millionen französischen Goldfranken (300.000 Inhaberaktien über je 100 französische Goldfranken). Weitere 300.000 Inhaberaktien waren vorzugsweise für die Inhaber der notleidenden Wertpapiere der alten Kanalgesellschaft „Compagnie Universelle du Canal Interocéanique de Panama" vorgesehen. 50.000 volleingezahlte Inhaberaktien wurden an die Regierung von Kolumbien abgetreten. Farbe: grün. Bewertung: Extrem selten, Liebhaberwert 400-1.000 €. **Depotzertifikate für ausgegebene Aktien (auf den Namen ausgestellt):** Die Aktien der COMPAGNIE NOUVELLE DU CANAL DE PANAMA lauteten auf den Inhaber. Die Inhaberaktien konnten jedoch bei der Gesellschaft deponiert werden, die auf den Namen lautende Zertifikate dafür ausfertigte. Es handelt sich dabei um „Certificats d' inscription nominative d`actions". Bewertung: Bisher unbekanntes Wertpapier.
Liquidation der Gesellschaft	30.6.1908. Die Aktionäre erhielten nachweislich drei Rückzahlungen, die mit einem Stempel auf den Wertpapieren bestätigt wurden (1. Rückzahlung ab 15.7.1904 über 100 französische Goldfranken je Aktie, 2. Rückzahlung ab 3.2.1908 über 21 französische Goldfranken je Aktie, 3. Rückzahlung über 8,23 französische Goldfranken je Aktie).

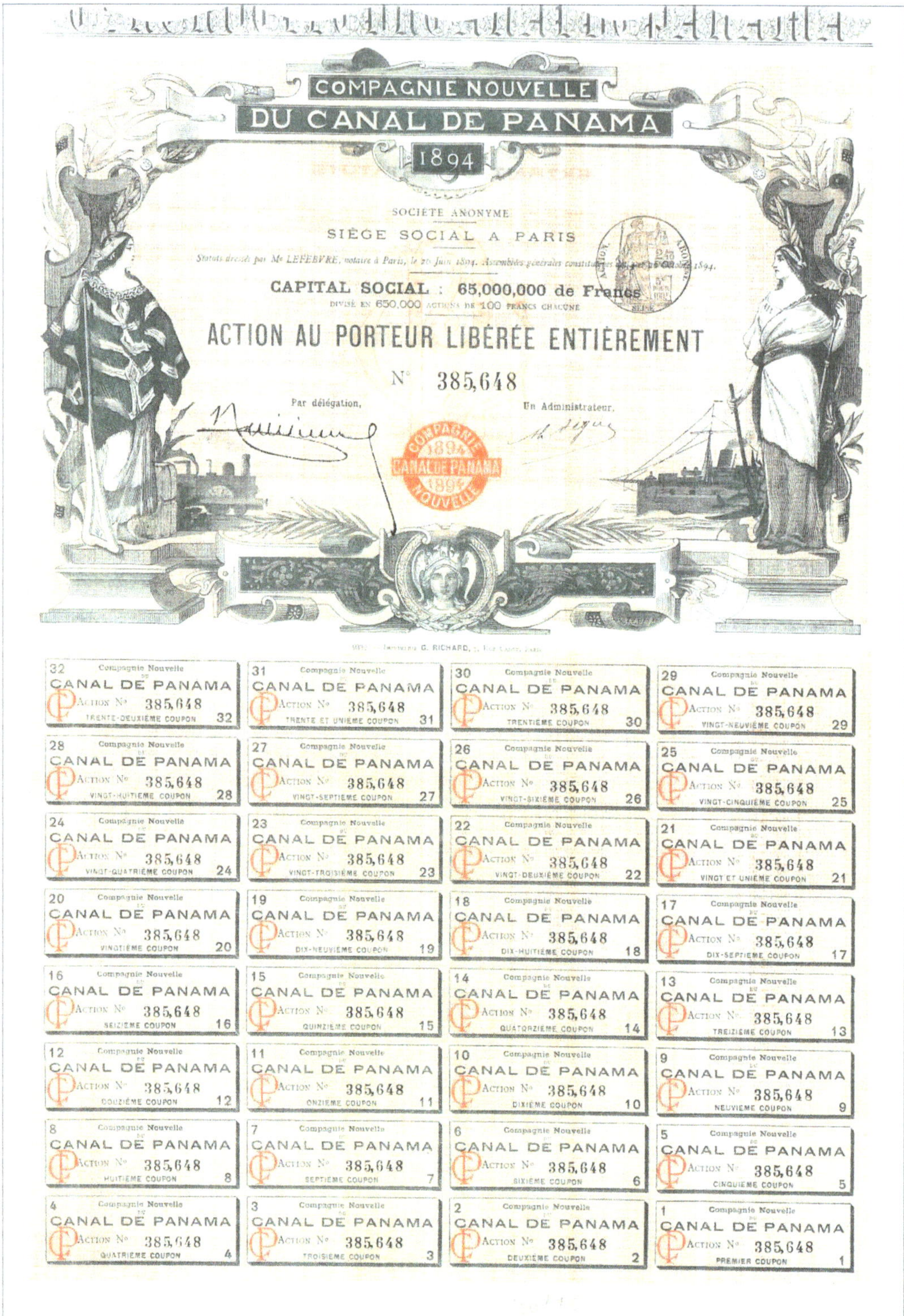

PA-160: Compagnie Nouvelle du Canal de Panama,
Inhaberaktie über 100 französische Goldfranken, ausgegeben in Paris 1894.

COMPAGNIE NOUVELLE
DU
CANAL DE PANAMA

Société anonyme (en formation) au Capital de Soixante-Cinq Millions *de Francs*

DIVISÉ EN 650.000 ACTIONS DE 100 FRANCS

SIÈGE SOCIAL A PARIS : 63 *bis*, RUE DE LA VICTOIRE

Statuts reçus par Mᵉ LEFEBVRE, Notaire à Paris, le 26 Juin 1894

Souscription à 300.000 Actions de 100 Francs

Sur les 650.000 Actions représentant le Capital social, 50.000 entièrement libérées sont attribuées au Gouvernement Colombien, conformément aux lois de prorogation. Six cent mille Actions sont à souscrire en numéraire.

La souscription de ces 600.000 Actions est dès à présent garantie; mais, en exécution de l'article 8 des Statuts, **300.000 Actions de cent francs sont offertes, avec droit de préférence, aux porteurs de titres de l'ancienne "Compagnie Universelle du Canal Interocéanique".**

IL SERA VERSÉ : 25 Francs en souscrivant ;
25 — le 15 Octobre 1894;

et le surplus, au fur et à mesure des appels qui seront faits par le Conseil d'administration.

LA LIBÉRATION PEUT ÊTRE EFFECTUÉE PAR ANTICIPATION A TOUTE ÉPOQUE, MAIS SANS AUCUNE BONIFICATION D'INTÉRÊTS EN FAVEUR DU SOUSCRIPTEUR

Tout versement en retard sera passible d'un intérêt de 6 0/0 à dater du jour de l'exigibilité. Un mois après l'échéance, le Conseil d'administration peut agir contre les retardataires conformément aux stipulations de l'article 12 des Statuts.

Il sera délivré, au moment de la Souscription, des récépissés nominatifs qui seront, dans les deux mois qui suivront la date de la constitution de la Société, échangés contre des certificats provisoires également nominatifs. La délivrance des titres définitifs, qui seuls seront négociables, aura lieu contre versement du dernier terme.

La Souscription aura lieu le Samedi 22 Septembre 1894

A la **LIQUIDATION DE L'ANCIENNE COMPAGNIE**, 63 *bis*, rue de la Victoire;
Chez le **MANDATAIRE LÉGAL DES OBLIGATAIRES**, 3, rue Louis-le-Grand;
Au **COMPTOIR NATIONAL D'ESCOMPTE DE PARIS**, 14, rue Bergère;
Au **CRÉDIT INDUSTRIEL & COMMERCIAL**, 66, rue de la Victoire;
Au **CRÉDIT LYONNAIS**, 19, boulevard des Italiens;
A la **SOCIÉTÉ GÉNÉRALE**, 54, rue de Provence.
A la **BANQUE INTERNATIONALE DE PARIS**, 3, rue Saint-Georges;

Et dans leurs Bureaux de quartiers, à leurs Sièges et Agences en province et à l'étranger, et chez leurs correspondants en France et à l'étranger.

On souscrit dès maintenant par correspondance.

Un droit de préférence est acquis aux souscriptions de tout Actionnaire ou Obligataire de la *Compagnie Universelle du Canal Interocéanique* (en liquidation), sur la production des titres qui seront rendus séance tenante après apposition d'une estampille.

Les souscriptions par correspondance devront être accompagnées des titres.

S'il y a lieu à réduction, la répartition sera publiée au *Journal Officiel*, et trois jours après cette publication le remboursement de l'excédent des versements aura lieu, sur présentation des récépissés de souscription.

STATUTS

TITRE PREMIER
FORMATION ET OBJET DE LA SOCIÉTÉ. — DÉNOMINATION SIÈGE. — DURÉE

[illegible]

TITRE II
APPORTS. — FONDS SOCIAL. — ACTIONS. — VERSEMENTS

[illegible]

Compagnie Nouvelle du Canal de Panama, Prospekt der Aktienemission von 1894.

C. Literaturhinweise

Die folgende alphabetische Bibliografie enthält umfassend alle Werke im Zusammenhang mit der mittelamerikanischen, interozeanischen Verkehrsfrage und den Aktivitäten des Grafen Ferdinand de Lesseps. Die mit * markierten Werke wurden für dieses Fachbuch vom Autor durchgesehen.

Abbot, Henry L.: Problems of the Panama Canal, New York, 1907.*

Abbot, W.J.: Panama and the Canal in picture and prose, London, 1913.*

Airiau, Athanase: Canal interocéanique par l'Isthme de Darien. Nouvelle-Grenade (Amérique du Sud). Canalisation par la colonisation, Paris, 1860.

American Atlantic and Pacific Ship Canal Company, The Nicaragua Canal, New York, 1888.

Ammen, Daniel: Congrès International pour l` étude d` un canal interocéanique navigable, réuni à Paris, le 15 Mai 1879, Paris, 1879.

André, Gaston: Le canal de Panama et la nouvelle Société, Paris, 1894.

Anguizola, Gustave: Philippe Bunau-Varilla, The man behind the Panama Canal, Chicago, 1980.

Atlanta Cotton States International Exposition, The Nicaragua Canal, New York, 1893.

Avery, Ralph E.: Americas' triumph at Panama, Panorama and story of the construction and operation ..., Chicago, 1913.

Barbour, James Samuel: A History of William Paterson and the Darien Company, London, 1907.

Barboux, Henri: Affaire de Panama, Plaidoirie pour MM. F. et C. de Lesseps, Paris, 1893.

Bean, Keith F.: Famous Waterways of the World, London, 1958*.

Beaurepaire, Quesnay de: Le Panama et la République, Paris, 1900*.

Bellet, Daniel: La nouvelle voie maritime. Le Canal de Panama, Paris, 1913.

Belot, Gustave de: La vérité de Panama. Le rèlevement possible, Paris, 1889.

Bennett, Ira E.: History of the Panama Canal, Its construction and builders, Washington, 1915.

Bishop, Joseph Bucklin: The Panama Gateway, New York, 1914*.

Blanchet, Aristide Paul: Canaux interocéaniques. Panama: bilan, situation et charges annuelles de la compagnie en 1886, Paris, 1887.

Blanchet, Aristide Paul: La lumière sur Panama; analyse et critique du rapport de M. Ferdinand de Lesseps, Paris, 1882.

Blanchet, Aristide Paul: Projet d` un canal interocéanique maritime, à grande section, à travers le grand isthme américain par le Nicaragua, Paris 1876.

Blanchet, Aristide Paul: Transit interocéanique par le Nicaragua, de Corinto, sur le Pacifique, à Juan del Norte (Greytown) sur l` Atlantique, Paris 1882.

Blanchet, Aristide Paul; Pouchet, James et Sautereau, Gustave: Canal Maritime Interocéanique du Nicaragua, résumé du rapport, exposé de l'état des négociations. Promesse de constitution d` une société anonyme pour la mise en valeur de la concession du canal de Nicaragua, Bourges, 1877.

Bolsa de Valores de Panamá S.A., Los Títulos Valores del Canal Francés, Panama-City, 1997*.

Bouvier, Jean: Les deux scandales de Panama, Paris, 1964*.

Bressolles, Paul: Liquidation de la Compagnie de Panama. Commentaire théoretique et pratique de la loi du 1er juillet 1893, Paris, 1894.

Bulletin du canal interocéanique, paraissant le 1er et le 15 de chaque mois. Sept. 1879-16 janvier 1889. Nos. 1-226, Paris, 1879-1989.

Bunau-Varilla, Philippe: Panama, The creation, destruction, and resurrection, London, 1913.

Bunau-Varilla, Philippe: Panama: Le passé, le présent, l` avenir. Paris, 1892.

Canal interocéanique de Panama: Commission d`études instituée par le Liquidateur, Rapports, VIII Examen de divers projets présentés à la Commission, Paris, 1890*.

Cameron, Ian: The Impossible Dream; The Building of the Panama Canal, New York, 1972.

Chiché, A.: L` Affaire de Panama, Bordeaux, 1894.

Childs, Orville Whitmore: Report of the survey and estimates of the costs of constructing the interoceanic ship canal from the harbor of San Juan del Norte, on the Atlantic, to the harbor of Brito, on the Pacific, in the State of Nicaragua, Central America, made for the American Atlantic and Pacific-Ship-Canal Company, in the years 1850-51, New York, 1852.

Compagnie nouvelle du Canal de Panama: Commission instituée en exécution de l` article 75 des Statuts. Rapport de la Commission, Paris, 1899.*

Compagnie Nouvelle du Canal de Panama, Notice succincte concernant l` exposition présentée par la Compagnie, Palais du génie civil et des moyens de transport, Paris, 1900*.

Coninck, Frédéric de: Les actions et obligations de la Compagnie du canal maritime de Suez, Havre, 1868.

Cosmao-Dumènez, Selim Marie: La vérité sur le Panama. Réponse à un rallié inconscient, Quimper, 1893.

Collins, Frederick: Explorations and Surveys for a Ship Canal across the Isthmus of Darien, New York, 1875.

Courau, Robert: Ferdinand de Lesseps, Paris, 1932.

Cullen, Edward: Over Darien by a ship canal, London. A report of the mismanaged expedition of 1854, London, 1856.*

Cullen, Edward: The Isthmus of Darien Ship Canal, London, 1852*.

D'Elbée, Jean: Un Conquistador de Génie, Ferdinand de Lesseps, Paris, ca.1938*.

Darien Canal Company of America, Prospectus, New York, 1870.

Degos, Jean-Guy und Prat, Christian: L'échec financier du canal de Panama: responsables mais pas coupables, Bordeaux, 2008*.

De Gijselaar, Nicolaas Charles: Het Panama-Kanaal, Leiden, 1891.

De Molinari, M. G.: A Panama, Paris, ca.1887*.

Delafosse, Jude: Un mot aux actionnaires du canal de Suez, Paris, 1869.

Demachy, Edouard: Le scandale de Panama, Paris, 1892.

Dillon, John A.: Tehuantepec and the Eads ship railway, Harper` s Magazine, Volume 63, 1881, Page 905*.

Dry, Camille: La débâcle du Panama, Paris, 1887.

Du Buit, C. H.: Affaire de Panama, Paris, 1893.

Du Val, Miles Percy: And the Mountains Will Move, The Story of the Building of the Panama Canal, Westport, 1975.

Dubois, Victor: L` achèvement du canal de Panama. Pas de faillite, pas de liquidation judiciaire, pas de société nouvelle, Mesni (Indre), 1889.

Ducout, Prosper: Aux actionnaires fondateurs du canal de Suez. Etude sur l` avenir de la Société, 1875, Paris.

Duff, R.E.B.: 100 ans du Canal de Suez, Paris, 1971*.

Dumas, A.: Le tarif à appliquer à Panama et les revenus probables du canal, Paris, 1891.

Dumas, A.: Nouvelle études sur le canal de Panama, Arcis-sur-Aube, 1894.

Dumas, A.: Projet d` achèvement du canal de Panama, Paris, 1891.

Duponchel, Adolphe: Percement définitif du canal de Panama par un torrent artificiel, Paris, 1889.

Durand-Savoyat, James: La petite épargne et le canal de Panama, Montpellier, 1889.

Eckstein, Percy: Ferdinand von Lesseps, Wien, 1947*.

Edgar-Bonnet, George: Ferdinand de Lesseps, Paris, 1951*.

Edschmid, Kasimir: Lesseps - Das Drama von Panama, Wiesbaden, 1947*.

Fellmann, Walter: Schiffe im Nadelöhr, Leipzig, 1978*.

Fliegel, M.D.: Der Panamakanal, Die Bedeutung des Kanalbaus, seine Technik und Wirtschaft, Berlin, 1911.

Floridian, L.-M.: Les coulisses de Panama, Paris, 1891*.

Fontbonne, G. de: Panama, ou la vérité sur la jonction des deux océans, Paris, 1893.

Fontbonne, G. de: Projet d` un canal interocéanique à niveau des deux océans dans le Darien, Paris, 1875.

Forain, J. L.: Les temps difficiles (Panama), Paris, 1893.

Forbes-Lindsay, C. H.: The Story of Panama and the Canal, New York, 1907*.

Frank, Walter: Der Panama-Skandal, Hamburg, 1942*.

Fraser, John Foster: Der Panamakanal, Seine Entstehung und Bedeutung, Berlin, 1914*.

Gäbler, Ludwig: Der zentralamerikanische Bosporus zwischen Colon und Panama, Leipzig, 1884.

Ganter, Christoph Erik: Panama, Roman um einen Kanal, Hamburg, 1954*.

Garella, Napoléon: Projet d` un canal de jonction de l` océan pacifique et de l` océan atlantique à travers l` isthme de Panama, Paris, 1845.

Gerster, Béla: L´ isthme de Corinthe et son percement, Budapest, 1896*.

Gijselaar, Nicolaas Charles de: Het Panama-Kanaal, Leiden, 1891*.

Glasemann, Hans-Georg: Die Finanzgeschichte des Kanals von Korinth – Historische Wertpapiere 1882-1977, Norderstedt, 2010*.

Glasemann, Hans-Georg: Bau und Betrieb des Kanals von Korinth - Finanzdokumente 1882-1923, in: Zeitung für Historische Wertpapiere, Frankfurt/Main, Heft 6/1986, Seite 14-16*.

Gogorza, Anthoine de: Isthme du Darien, Paris, 1869.

Goodwin, J. M.: The Panama ship canal and interoceanic ship railway projects, Cleveland, 1880.

Gorgas, William C.: Sanitation in Panama, New York, 1915.

Grigore, Julius: First Presentation of All Stocks and Bonds issued by the Compagnie Universelle du Canal Interocéanique de Panama, 1880-1889 and Compagnie Nouvelle du Canal de Panama, 1894, Venice/Florida, 1997*.

Hart, Francis Russell: The Disaster of Darien. The story of the Scots settlement and the causes of its failure, 1699-1701, London, 1930.

Haskin, Frederic J.: The Panama Canal, New York, 1914*.

Heald, Jean S.: Picturesque Panama, The Panama Rail Road, Chicago, 1928*.

Hennig, Dr. Richard: Die Geschichte der mittelamerikanischen Kanalunternehmungen, Beiträge zur Geschichte der Technik und Industrie, Jahrbuch des Vereins Deutscher Ingenieure, Band 4, Berlin, 1912*.

Herrmann, Gerhard: Der Suez-Kanal, Leipzig, 1936*.

Herzog, Wilhelm: Panama, München, 1946*.

Hilgard, K. E.: Über Geschichte und Bau des Panama-Kanales, Zürich, ca. 1913*.

Howarth, David: Panamakanal, Bayreuth, 1989*.

Hueston, J. C.: American Atlantic and Pacific Ship Canal Company, A refutation of its claim to the Nicaragua canal route, New York, 1888.

Hümbeli, Urs: Die Geschichte der Panama-Affäre bis zum bitteren Ende, Teil 1 und 2, Hägglingen, ohne Jahresangabe*.

Hummel. Hans: Um Suez und Panama, Ferdinand de Lesseps und seine Zeit, Berlin, 1943*.

Johnson, Willis Fletcher: Four Centuries of the Panama Canal, New York, 1906*.

Keasbey, Lindley Miller: Der Nicaraguakanal, Straßburg, 1893.

Keller, Ulrich: The building of the Panama Canal in historical photographs, New York, 1983*.

Kelley, Frederick M.: On the junction of the Atlantic and pacific oceans by a ship canal without locks, by the valley of the Atrato, London, 1856.

Kimball, W. W.: Special intelligence report on the progress of the work on the Panama Canal during year 1885, Washington, 1886.

Koep, C.: Der Panama-Canal, sein Bau und seine Zukunft, Dresden, 1886.

Kostolany, André: Suez - le Roman d'une Entreprise, Paris, 1939*.

Kozler, Michael: Der Panamakanal - Die Bedeutung der transisthmischen Verkehrsverbindungen von der Vergangenheit bis zur Zukunft, Arbeitsheft des Lateinamerika-Zentrums, Münster, 2000*.

Kurtze, Francisco: The Interoceanic Railroad Route through the Republic of Costa Rica, New York, 1866.

Le Moyne, Auguste: Canal de Panama, Conclusion à tirer des rapports de la commission d` études, Paris, 1890.

Lejeal, Gustave: Affaire de Panama, Auszug aus der Revue Encyclopédique, No. 51 vom 15.1.1893, Paris, 1893*.

Lesseps, Ferdinand, Vicomte de: The history of the Suez Canal, translated from the French by Sir Henry Drummond Wolff, Edinburgh, 1876.

Mack, Gerstle: The Land Divided, A History of the Panama Canal and Other Isthmian Canal Projects, New York, 1974*.

Magny, Claude Drigon, Marquis de: Canalisation des Isthmes de Suez et de Panama par les Frères de la Compagnie Maritime de Saint-Pie, Ordre Religieux, Militaire et Industriel, Paris, 1848*.

Major, John: Prize Possession - The United States and the Panama Canal 1903-1979, New York, 1993.

Maréchal, Henry: Voyage d` un actionnaire à Panama, Paris, 1885.

Maritime Canal Association, Maritime Canal Company of Nicaragua, Answer to the protest of the alleged American Atlantic and Pacific Ship Canal Company, New York, ohne Jahresangabe.

Maritime Canal Association, The interoceanic canal of Nicaragua: its history, physical condition, plans and prospects, New York, 1891.

Marlio, Louis: La véritable Histoire de Panama, Paris, 1932.

Maurer, Emil: Der Panama-Kanal. Leipzig, 1943*.

McCullough, David: Sie teilten die Erde (verkürzte deutsche Fassung von The path between the seas), München, 1978*.

McCullough, David: The Path Between the Seas: The Creation of the Panama Canal, 1870-1914, New York, 1977*.

Minter, John Easter: The Chagres: River of Westward Passage, New York, 1948.

Morrison, Hugh. A.: List of books and of articles relating to interoceanic canal and railway routes (Nicaragua; Panama, Darien, and the valley of the Atrato; Tehuantepec and Honduras; Suez Canal). With an appendix: Bibliography of United States public documents relating to interoceanic communication, Library of Congress, Washington, 1900*.

Mouchot, P.: Le canal de Panama dans ses rapports avec la Société Civile du Darien, Paris, 1889.

Napoléon III., Emperor of France, Canal in Nicaragua, London, 1846.

Negrelli-Moldelbe, Nikolaus: Die Lüge von Suez, Darmstadt, 1940*.

Nelson, Wolfred: Cinq ans à Panama et le Canal Interocéanique de M. de Lesseps, Paris, 1890.

Nousbaum, J. & Hutchings G.: Compagnie Universelle du Canal Maritime de Suez, Paris, 1946*.

ohne Verfasser: Affaire de Panama, Note sur l'arrêt de la Cour de Paris du 9. Février 1893 en ce qui concerne M. Eiffel, Paris, 1893*.

ohne Verfasser: Mr G. Eiffel et le Canal de Panama, Paris, 1903*.

Otis, Fessenden Nott: Illustrated history of the Panama Railroad, New York, 1861*.

Otis, Fessenden Nott: History of the Panama Railroad, New York, 1867*.

Otis, Fessenden Nott: Isthmus of Panama. History of the Panama Railroad and of the Pacific Mail Steamship Company, New York, 1867.

Panama Canal Company: The Panama Canal, Fiftieth Anniversary; The Story of a Great Conquest, Balboa, 1964*.

Paponot, Félix: Achèvement du canal de Panama, étude technique et financière, Paris, 1888.

Paponot, Félix: Le canal de Panama. Solution de la question financière, Paris, 1891.

Paponot, Félix: Suez et Panama. Une Solution, Paris, 1889.

Paton, Émile: La fortune publique, études populaires. Septième étude; le canal de Panama et le capitaux français, Paris, 1886.

Pennell, Joseph: Pictures of the Panama Canal. London, 1913.

Pinta, Gustave: Remboursement des obligations par les actionnaires, Vincennes, 1890.

Porter, Robert P.: The ten Republics, Chicago, 1911*.

Pouchet, James et Sautereau, Gustave: Canal interocéanique maritime de Nicaragua, Paris, 1879.

Pouchet, James et Sautereau, Gustave: Examen comparatif des divers projets de canaux interocéanique par l`isthme de Darien et le lac de Nicaragua, Paris, 1876.

Pratt, George (Herausgeber): The Company of Scotland Trading to Africa and the Indies 1696-1707, London, 1932.

Quesnay de Beaurepaire, Jules: Le Panama et la république, Paris, 1899*.

Reclus, Armand: Panama et Darien, Voyages d'exploration, Paris, 1884.

Regel. Dr. Fritz: Der Panamakanal, Halle, 1909*.

Reichardt, C. F.: Nicaragua, Braunschweig, 1854.

René, Jeanne: Ferdinand de Lesseps, Toulouse, 1941*.

Ritt, Olivier: Histoire de l`Isthme de Suez, Paris, 1869.

Rodrigues, J. C.: The Panama Canal; its history, its political aspects, and financial difficulties, New York, 1885.

Roger, Charles C.: Intelligence report of the Panama Canal, Washington, 1889.

Rolland, M.C.: Transporte de Buques por el Istmo de Tehuantepec, Mexico, 1948*.

Sandner, Gerhard: Zentralamerika und der ferne karibische Westen. Konjunkturen, Krisen und Konflikte 1503-1984, Stuttgart, 1985*.

Saulnier, Eugène : Le Panama, la plus grande infamie de notre siècle, Paris, 1889.

Sautereau, Gustave: Examen comparatif des divers projets de canaux interocéaniques, Bourges, 1876.

Sautereau, Gustave: Notes & Documents présentés au Congrès de Géographie de Paris du 15 Mai 1879, Paris, 1879.

Sautereau, Gustave: Le canal de Panama transformé en lac intérieur. Nouveau Projet... réalisable pour Quatre Cents Millions de Francs, Paris, 1889*.

Scherzer, Dr. Karl : Wanderungen durch die mittel-amerikanischen Freistaaten Nicaragua, Honduras und San Salvador, Braunschweig, 1857.

Schubert, Alex: Panama - Geschichte eines Landes und eines Kanals, Berlin, 1978*.

Sébillot, Amédée: Achèvement économique du canal de Panama, Paris, 1892.

Sébillot, Amédée: Chemin de fer à navires de Panama, avec achèvement ultérieur du canal à niveau, Paris, 1890.

Sébillot, Amédée: Résumé de la conférence de M. A. Sébillot sur l`achèvement économique de canal du Panama, Paris, 1893.

Seebach, Karl Albert Ludwig: Central-Amerika und der interoceanische Canal, Berlin, 1873.

Sheldon, Henry I.: Notes on the Nicaragua Canal, Chicago, 1898.*

Sibert, William L. und Stevens, John F.: The Construction of the Panama Canal, New York, 1915.

Siegfried, André: Suez - Panama et les routes maritimes mondiales, Paris, 1941*.

Silvestre, Henry: L 'Isthme de Suez 1854-1869, Paris, 1869.

Simmons, William E.: The Nicaragua Canal, New York, 1900.

Simon, Maron J.: The Panama Affair, New York, 1971*.

Simonin, Louis: Le canal de Panama au point de vue commercial, technique et financier, Paris, 1885.

Skinner, James M.: France and Panama: The Unknown Years, 1894-1908, New York, 1989.

Small, Charles S.: Rails to the Diggings, Construction Railroads of the Panama Canal, 1981.

Sonderegger, C.: L`Achèvement du Canal de Panama, Zürich, 1902.

Squier Ephraim George: Honduras Interoceanic Railway. Preliminary report, New York, 1854.

Squier Ephraim George: Nicaragua Its People, Scenery, Monuments and the Proposed Interoceanic Canal, New York, 1852.

Squier Ephraim George: Notes on Central America; Particularly the States of Honduras and San Salvador: Their Geography, Topography, Climate, Population, Resources, Productions, etc., etc., and the Proposed Honduras Inter-Oceanic Railway, New York, 1855.

The Panama Canal: Twenty-fifth Anniversary 1914-1939; August 15, 1939, Panama, 1939*.

The Royal Bank of Scotland: The Darien adventure. The story of Scotland's attempt to set up a trading colony in Central America 1695-1700, Edinburgh, 1998.

United Stated of America, Senate, 56th Congress, 1st Session, Ship canals in the Isthmus of Darien, Washington, 1900*.

United Stated Navy: Reports of explorations and surveys for the location of a ship canal between the Atlantic and pacific oceans through Nicaragua, Washington, 1874.

United States Navy: Reports of explorations and surveys for the location of interoceanic ship canal through the Isthmus of Panama ... by Edward Lull, Washington, 1879.

United States Navy: Reports of explorations and surveys to ascertain the practicability of a ship canal ... by Oliver Selfridge, Washington, 1874.

United States Navy: Reports of explorations and surveys to ascertain the practicability of a ship canal between the Atlantic and Pacific oceans, by the way of the Isthmus of Tehuantepec by Robert Shufeldt, Washington, 1872.

United States Department of Justice: Opinion of the Attorney General upon the title proposed to be given by the New Panama Canal Company to the United States of America, Washington, 1902.

Vérité, H.: Le guide pratique des porteurs d` obligations de la Compagnie de Panama, Paris, 1893.

Wenin, W. M.: Panama und der Panamakanal, aus dem Russischen übersetzt von G. Wurche, Leipzig, 1954.

Whitehouse, Frederic Cope: England` s right to the Suez canal shares, London, 1893.

Wyse, Louis Lucien Napoléon Bonaparte Théodore: Le Canal de Panama, Paris, 1886.

Zöller, Hugo: Der Panama-Kanal, Stuttgart, 1882.